인게이지먼트

인게이지먼트

1쇄 인쇄 | 2023년 2월 6일
1쇄 발행 | 2023년 2월 14일

지은이 | 권기범

기획 | 이유림
편집 | 정대망
마케팅 총괄 | 임동건
경영지원 | 안보라, 김민숙, 임주성

펴낸이 | 최익성
펴낸곳 | 플랜비디자인

디자인 | 빅웨이브

출판등록 | 2016-000001호
주소 | 경기도 화성시 영천동 283-1 A동 3210호
전화 | 031-8050-0508
팩스 | 02-2179-8994
이메일 | planbdesigncompany@gmail.com

ISBN | 979-11-6832-042-0

인게이지먼트

내 안의
활력, 전념, 심취를
끌어내는 힘

권기범 지음

For Yeji and Celine
who engage me.

인게이지먼트는 '활력, 전념, 심취로 특징지어지는 긍정적이고 성취 지향적인 일과 관련된 심리 상태'[1]를 말합니다. 인게이지먼트는 영어 단어 'Engagement'를 발음대로 한국어로 표기한 것입니다. 영한사전에 따르면 Engagement는 약혼/약속/고용/교전이라는 뜻으로 해석될 수 있지만, 최근 조직을 기반으로 한 연구에서는 주로 '몰입'이라는 단어로 해석되어 왔습니다.

하지만 몰입이라는 단어는 이미 학술 용어인 'Job involvement' 즉 직무 몰입으로 오랫동안 쓰여 왔습니다. 특히, 몰입은 한 자리에 진득하게 앉아서 공부를 열심히 하는 그래서 학습법과 관련된 용어로 광범위하게 사용되기에 저는 이 몰입이라는 단어가 인게이지먼트의 전체 모습을 포괄하는 단어는 아니라고 생각합니다. 또한 최근에는 인게이지먼트를 '열의'라는 단어로도 쓰이기도 합니다. 하지만, 한자로 '열熱'은 무언가 덥고, 뜨겁고, 다 타버리고, 흥분된 의미를 내포하고 있습니다. 이러한 뜨거운 감정은 인게이지먼트의 기본 개념과는 심리적으로 다소 거리가 멀다고 느껴지기에 저는 적절하지 않다고 생각합니다.

인게이지먼트에 관한 대표적인 학술 도서인《Work engagement: A handbook of essential theory and research》[2]를 보면 한 사람이 해가 지는(혹은 뜨는) 호숫가에 홀로 일을 하고 있는 장면이 표지 사진으로 쓰입니다.

저는 이러한 차분한 감정 상태에서 집중해서 일하는 그 심리적 상

---

1 Schaufeli et al. (2002)
2 Bakker & Leiter (2009)

태가 인게이지먼트와 가장 유사한 것이고 이를 대체할 수 있는 적절한 한국어 단어가 없기에 별도의 해석 없이 인게이지먼트라는 단어를 그대로 사용하려고 합니다.

또한 인게이지먼트는 학술적으로 'Work engagement', 'Employee engagement', 'Job engagement', 'Organizational engagement', 'Psychological engagement' 등의 다양한 관점과 맥락에서 특정 단어들과 결합하여 쓰여 왔으나, 이 모든 개념을 포괄하는 의미에서 인게이지먼트 한 단어로 부르기로 하였습니다.

추천사

● 올해 가을 프랑스 보르도 샤또Chateau들을 방문할 수 있는 기회가 있었다. 보르도 5대 샤또로 분류되는 라피트 로칠드Lafite-Rothschild 등의 프리미엄 브랜드의 관계자들을 만나며, 그곳에서 와인의 맛과 향보다도 큰 감동을 받은 것은 다름 아닌 와인 생산자들의 인게이지먼트Engagement였다. '조상들이 물려준 비옥한 땅에서 포도는 알아서 자라고, 그것으로 와인을 만들면 그만 아닌가?' 라는 나의 생각은 명백한 오류였다.

그들은 이미 남 부럽지 않은 부富를 일구었지만, 항상 포도밭 위에서 각종 병충해, 서리, 수확시기를 고민하고, 포도밭 밖에서는 품종의 배합비율, 병입시기, 유통시기에 대해 끊임없이 논의했다. 체력적으로 또 정신적으로 고된 노동이겠으나, 그들이 그 과정을 무척이나 즐기고 있음을 대번에 알 수 있었다. 본서의 표현대로 '아침에 일어나면 일하러 가고 싶은 사람들' 이었고, 그것은 지구 반대편에서 목격한 인게이지먼트였다.

경쟁이 치열한 사모펀드Private equity 업계에서 늘 고민했던 '과연 어떤 사람이 오래도록 그리고 일관되게 좋은 성과를 내는가?'라는 질문에 권기범 교수는 《인게이지먼트》를 통하여 해답을 제시하고 있다. '행복하게 일하는 사람.' 독자들께서도 본서를 통해 인게이지먼트에 공감하고, 그러한 상태를 더욱 많이 경험하시기를 바란다.

어펄마캐피탈 Private Equity 대표, **심민현**

● 지난 20년이 넘는 시간 동안 저는 경영 컨설턴트로 살아오며, 기업들이 어떻게 하면 의미 있는 성장과 발전을 이루어 낼 수 있을까를 조언하는 일을 전문적으로 해 왔습니다. 하지만 그 동안 제가 가장 크게 깨달은 건, 경영전략과 냉철한 분석은 기업의 성장에 충분조건일 뿐 필수조건은 아니라는 점입니다.

제가 믿고 있는 기업의 성장과 발전은 화려한 경력과 전문성으로 무장한 컨설턴트들이 제공하는 자문으로 가능한 것이 아닌, 조직의 리더와 구성원들의 자발적인 변화의지로만 이루어 낼 수 있다는 것입니다. 슬램덩크 주인공의 대사이기도 한 '왼손은 거들 뿐'처럼 컨설턴트의 자문과 경영전략 역시 '거들 뿐'이고, 핵심은 '조직의 리더와 구성원들의 자발적인 행동으로부터 나오는 진정한 변화'입니다. 그리고 그 어려운 일을 가능하도록 만들어내는 리더가 있을 경우에만 조직은 끊임없는 변화와 위기에 노출된 험준한 비즈니스 환경을 뚫고 성장을 이어 나갈 수 있습니다.

그 동안 뵙게 된 여러 경영자들 중 탁월한 역량과 리더십을 기반으로 성공적인 성과를 올린 소수의 리더들은 대부분 뛰어난 철학자이자 역사학자들이었습니다. 그분들은 공자가 이미 2,500년전에 이야기한 인간의 본질에 대해 꿰뚫고 있었습니다.

지지자불여호호지자 호지자불여낙지자知之者不如好之者, 好之者不如樂之者 아는 자는 좋아하는 자만 못하고, 좋아하는 자는 즐기는 자만 못하다

15년도 넘게 권기범 교수의 진화를 지켜본 저는 그의 열정과 학문에 대한 진정성에 큰 응원과 지지를 보내온 여러 응원자 중 한 명입니다. 그리고 인간의 본질과 이를 통한 기업의 영속적인 경쟁력을 키워 나가는 주제에 천착한 그는 경영학자, 교육학자 이전에 뛰어난 철학자이기도 합니다. 제가 지난 세월동안 컨설턴트로 지내오며 최종적으로 지향했던 이상향은, 어떻게 하면 경영자들이 '신뢰받는 전문가Trusted advisor'가 되어 조직의 구성원들에게 자신이 맡은 일에 의미를 부여하게 할 수 있을까였습니다.

《인게이지먼트》의 주제와 탐구는 저에게 그 어떤 학술자료, 연구자료보다도 개인적으로 감탄을 자아내게 하는 다양한 이론적 배경과 사례, 더불어 현재의 경영환경을 극복하게 하는 흡입력 있는 인사이트들을 제시해 주었습니다. 일반 독자들에 앞서 먼저 책을 읽고 흥분된 마음을 잠시 가라앉히고, 이 책이 가지고 있는 다채로운

매력들과 특별한 혜택을 여러 분들께서도 경험해 보기를 강력하게 추천합니다.

스웨덴 경영컨설팅 부티크 기업 BTS 서울지사장, **정윤호**

● 최근 세계적으로 '조용한 퇴사'Quiet quitting가 유행처럼 일고 있다. 실제로 사표를 날리고 회사를 박차고 나가는 행위가 아니라, 회사에서 주어진 일을 최소한의 요건만 갖춰서 수행하겠다는 태도를 말한다. 기존 세대가 회사와 자신을 동일시하고 승진을 위해서 일에 전력 질주하여 성과를 내고 자기 완성을 위해서 업무 영역을 넓혀 갔던 반면, MZ세대들은 업무에서 한 발을 빼놓고 있다. 심리적으로 퇴사에 가까운 마음가짐으로 회사를 다니는 현상이다.

　'조용한 퇴사'가 상징하듯, 이제는 구성원들의 강한 업무 몰입을 기대하기 어려운 시대를 맞이하고 있다. 최근 어느 그룹의 인사부서장들 워크숍 자리에서 어느 참가자는 다음과 같은 적나라한 고민을 토로했다. "요즘 젊은 구성원들의 직무 몰입을 어떻게 이끌어 내야 할지 고민입니다. 예전에는 출근 시간 20~30분전에 미리 나와서 컴퓨터 로그인도 해놓고 그날 무슨 일을 체크하고 처리할지도 정리해 놓는 시간을 보냈죠. 그런데 요즘은 그렇지 않아요. 단적으로, 9시 출근 시간 딱 되면 구성원들이 자기 자리에 없어요. 다들 어디 갔냐고요? 회사 카페에도 없고, 담배 피는 장소에도 없어요. 그런데 화장실을 가보면 좌변기 칸이 다 차 있어요. 그 안에서 무얼 하겠어요? 증시가 9시에 개장하니 그에 맞춰서 주식 하느라고 앉아들 있는 거죠. 회사에서 주는 월급만으로는 희망이 없어서 그래서 주식이네, 코인이네, NFT네 이런 것들에 집중하느라 업무는 뒷전으로 밀려나 있는 경우들이 많아요."

　현장에서 고군분투하는 리더들도 그와 같은 현상에 우려를 종종 표하곤 한다. 대기업 팀장들을 대상으로 "함께 일하시는 팀원들 중에 자기 일에 깊이 있게 몰입해서 열정적으로 일하는 분들이 직관적으로 몇 퍼센트나 되신다고 생각하시는지요?" 라고 질문하면 그 대다수가 20퍼센트 내외라고 대답한다. 팀원이 10명이면 그 중에서 2명만 몰입하고 있다는 말이다. 그 외 약 40퍼센트는 자신에게 주어진 역할 내의 업무는 제대로 하려 하지만, 그 범위를 벗어난 업무는 외면하거나 격렬히 거부하는 이들이라고 평한다. 나머지 40퍼센트는 주어진 역할과 과업 마저도 영혼이 없이 대충

대충 하고 있다고들 말한다. 성과에 전혀 도움이 되지 않아 팀에 있으나 마나 한 인력들이라고.

이런 현상을 보면, 일견하기에 '몰입 상실의 시대'를 살고 있는 것처럼 보인다. 그런데 이상하다. 인간은 Homo Concentrans 아니던가? 누구나 어딘가에는 관심과 주의 집중을 쏟고, 마음을 두고 있다. 따라서 절대 총량의 몰입감이 사라져 가는 시대라고 보기는 어렵다. 개개인의 몰입 대상이 분기하고 다양하게 펼쳐지는 시대라 할 수 있지 않을까? 조용한 퇴직으로 일하고 있는 이들, 화장실 좌변기에 앉아 9시부터 주식하고 있는 이들, 대충대충 업무를 하는 이들 모두가 업무 영역에서만 영혼을 빼놨을 뿐, 그 어딘가에는 열정을 불태우고 있으리라.

기업들은 구성원들의 관심과 열정, 그리고 주의 집중 에너지를 어떻게 업무로 유인할 수 있을까? 업무에 집중하고 싶어도 이상하게 일이 손에 잡히지도 않거나, 번아웃을 겪고 있어서 무조건 일을 그만두고 싶은 개인은 어떻게 할 수 있을까?

이 책은 몰입, 다른 표현으로는 인게이지먼트라 부르는 현상을 다각도로 조망하고 있다. 지난 반세기 이상 심리학자, 조직행동 학자, 인적자원 학자들이 열정적으로 탐구해온 연구 결과를 쉬운 용어로 풀어서 설명해 준다. 또한 친근한 일상 사례를 곁들여서 이해를 돕고 있다. 특히, 저자는 상아탑에서 연구하기 전에 대기업 현장에서 근무하면서 다채로운 색깔의 희로애락을 겪은 이 이기에, 구성원 개인과 기업의 관점을 균형감 있게 담아 내고 있다.

업무에 탈진을 느끼고 힘들어 하는 이들이라면, 이 책을 일독할 것을 권한다. 구성원들의 주의 집중 에너지가 업무로 집중되도록 만드는 방안을 고심하고 있는 경영자와 담당자들이라면, 이 책에서 상당한 팁을 얻어가 보시라.

국민대 경영대학원 교수, **김성준**

서울의 잠 못 이루는 밤, 인게이지먼트가 필요해

2020년에 한국을 방문했을 때였다. 예전에는 한밤중에 커피 한 사발을 들이켜도 잠만 잘 잤는데, 나이가 마흔 줄에 다다른 이후에는 카페인에 점점 더 예민해지면서 오후가 지나서 커피를 한 잔만 마셔도 잠을 잘 이루지 못한다. 그래서 평소 오후에는 디카페인 커피를 자주 마시는데, 그날도 서울 도심 한복판에 있는 유명 커피 체인점에 가서 아메리카노 디카페인을 주문했다. 그런데 디카페인을 취급하지 않는다는 다소 의아한 답변을 들었다. 설마 해서 며칠 지나 다른 체인점에 들어가서 다시 물어보았는데 역시 디카페인은 없다는 대답을 들었다 (최근에는 판매하는 곳이 늘고 있다는 기사를 보았다).

아… 서울의 잠 못 이루는 밤Sleepless in Seoul! 한국은 잠이 없는 어쩌면 잠에 들 수 없는 사회구나! 라는 탄식과 함께 커피가 맛과 향을 즐기기 위한 기호품인지 알았는데 어쩌면 노동을 고취하기 위한 강장제는 아닌가 하는 생각이 들었다.

한병철(2012)은 《피로사회》에서 지속적인 성과를 강조하는 현대사회의 분위기로 인해서 사람들이 항상 깨어있을 것을 강요받는 '도핑' 사회가 되어가고 있다고 이야기한다. 약물의 힘을 빌려서라도 좀 더 정신을 집중할 수 있고 성과를 낼 수 있다면 나도 좋고 회사도 좋은 완벽한 방법이라고 믿게 된다는 것이다. 그리고 이러한 성과에 대한 끊임없는 갈구는 사람들을 잠 못 들게 하여 극단적 피로와 탈진 상태인 번아웃으로 사람들을 몰고 간다고 진단한다.

나는 이러한 진단에 49%만 동의한다. 우리가 살면서 느끼는 어떤 성취감이란 우리가 가진 욕망에서 시작되고 그 욕망하는 것을 이뤄 냈을 때 짜릿한 감정을 느낄 수 있기 때문이다. 개인적인 욕망을 모두 억누르면서 일에서 느끼는 성취감을 기대할 수 있을까? 그렇기에 나는 위에서 언급된 진단의 51%는 동의하지 않는다.

그렇다면 극단적인 피로와 이따금 찾아오는 번아웃 상태를 자연스럽게 받아들이란 말이냐? 물론, 아니다. 이럴수록 일과 삶 사이의 지속 가능한 균형을 유지하면서도 일에서 느낄 수 있는 행복을 통해 궁극적으로 원하는 삶의 지향점에 다다를 수 있는 인게이지먼트가 필요하단 이야기를 하려는 것이다. 그것은 우리 자신을 갈아 넣고 끝까지 몰아붙이지 않아도, 충분히 원하는 것을 성취할 수 있다고 믿기 때문이다.

지금부터 행복한 일을 위한 인게이지먼트를 소개해 보겠다.

CONTENTS

행복 그리고 일

ENGAG

행복이란 무엇인가?

우리는 모두 행복해지고 싶다. 어마어마한 권한을 가진 권력자도, 대중의 관심을 한 몸에 받는 유명인도, 하물며 극악무도한 범죄를 저지른 수인도, 그리고 평범한 일상을 살아가는 우리 주변의 모든 이들이 삶을 살아가는 여러 목적들 그리고 그 과정에서 지켜 나가고자 하는 가치들의 그 끝을 찾다 보면 결국 궁극적으로 우리가 만나게 되는 화두는 행복이라는 단어로 귀결된다. 그렇다면 과연 행복이란 무엇일까?

　동서고금의 위대한 사상가들, 철학자들, 그리고 종교 지도자들이 아주 오랫동안 행복에 관해 이야기해 왔다. 하지만 어느 날 읽었던 신문, 책, 영화, 소셜 미디어에서 볼 수 있는 그 훌륭한 이야기들, 혹은 우연히 참석한 강연에서 들을 수 있었던 그 고귀한 지혜들은 무언가 좋은 이야기인 것 같기는 한데 사실 내가 살고 있고 발 딛고 있는 오늘의 내 현실과는 별로 관계가 없는 것 같았다.

　남과 비교하지 않고, 자신만의 속도를 유지하면서, 자기가 좋아하는 일만 하며 살 수 있는 사람은 도대체 누구일까? 그런 사람이 있기는 할까? 뻔히 눈앞에 보이는데 어떻게 비교하지 않을 수 있을까? 내 속도로만 가면 나를 기다려 줄 사람은 몇이나 될까? 대부분의 시간을 쓸데없고 지루한 반복적인 일들을 하면서, 아주 가끔 맛볼 수 있는 작은 성취에 행복감을 누리는 것은 나뿐인가? 그러고 보니 행복에 대해서 조언해 주신 분들은 자신만의 분야에서 꽤 성공한 분들인 것 같다. 혹시 치열한 미생들의 삶을 잊으셨거나 잘 모르시는 건 아닐까?

행복에 대해서 알기 위해서 많은 기관들과 학자들이 행복이 무엇인지에 대해서 정의해 보고 행복을 정확히 측정해 보려고 하였다. 예를 들어, OEDC(2020)는 더 나은 삶 지수Better Life Index를 개발해서 회원국들의 전반적인 삶의 질을 측정하고 있다. 삶의 질을 주거, 소득, 노동, 공동체, 교육, 환경, 시민참여, 건강, 삶의 만족, 안전, 일과 삶의 조화라는 11가지 요인들을 분석해보는 것이다. 그런데 이러한 방법은 정책적으로나 학술적인 측면에서야 다양한 요인들을 포괄적으로 보는 것에 의미가 있겠지만서도, 개인의 관점에서 보면 이 중에 한두 가지만 불만족스러워도 갑자기 '아 나는 불행하구나'라는 생각이 들게 만든다.

행복에 있어서 100-1=0의 의미를 아시나요?
그건 뭐죠?
아흔아홉 개가 있어도,
하나가 없으면 불행하다는 거죠.
행복을 위해 어서 남은 하나를 채워오세요.

혹여 100개를 다 채운다고 해도 영원히 행복할 수 있을까? 내가 소유한 이 100개는 영원히 마르지 않는 행복의 원천일까? 우리는 잘 알고 있다. 내가 욕망했던 것을 얻고 난 이후에, 우리는 그 소유의 기쁨을 곧 잊는다는 것을. 그리고 또 다른 것을 욕망한다는 것을. 우리는 우리에게 기쁨을 주는 효용에 언제나 적응하고 다시금 새로운 것을 욕망한다. 모든 것이 채워져야 만날 수 있는 것이 행복이라면, 그 행복 이후에는 다시 채워야 할 것들이 우리를 기다리고 있다.

행복을 삶에 대한 만족도Life satisfaction로 정의하고 이에 대해 주관적인 인식을 묻는 방법도 있다. 가령, '나는 내 인생에 전반적으로 만족한다'라는 형태의 문항들을 묻고 이에 대한 나의 인식을 5점 척도로 표시해서 평균값을 매겨보는 것이다.[3] 하지만 이러한 종류의 설문들은 많은 경우에 나이가 많을수록, 소득이 높을수록, 그리고 선진국에 살수록 높은 점수가 나올 가능성이 크다. 그렇기에 나이도 아직 어리고, 소득도 높지 않고, 선진국에 살지 않은 많은 사람들은 행복하기가 녹록지 않다.

많은 이들이 타인과 비교하지 않는 것이 행복의 출발이라 얘기하지만, 행복을 연구한 결과들의 국제 비교는 아! 내가 결국 헬조선에 살고 있다는 점을 상기시켜 주곤 한다.

당신의 행복은 5점 만점에 3.8점입니다!
3.8점의 행복이란 무엇인가요?

---

[3] Diener et al. (1985)

글쎄요, 1등 국가가 4.2점이니까, 그 나라에 사시는 분들보다 0.4점 덜 행복하시네요! 아쉽네요!

이처럼 행복은 정의 내리기도 측정하기도 어려운 개념이다. 이렇게 쉽지 않은 행복에 대한 논의 속에서 일군의 학자들이 '자 그렇다면 우리 한번 해 볼 수 있는 것만 해봅시다'라고 하는 느낌으로 할 수 있는 것만 해 보려는 시도가 지난 세기말 무렵 시작되었고, 그 연구 분야를 긍정 심리학이라고 한다.

당신의 행복은
5점 만점에 3.8점입니다!
3.8점의 행복이란 무엇인가요?
글세요, 1등 국가가 4.2점이니까,
그 나라에 사시는 분들보다
0.4점 덜 행복하시네요!
아쉽네요!

긍정의 시대

긍정 심리학은 학문의 세계에서는 정말 예외적으로 생일이 있다. 1998년 APA American Psychological Association, 미국심리학회 연례 보고에서 마틴 셀리그만의 그 유명한 연설을 기점으로 해서 본격적으로 태동하였기 때문이다. 마틴 셀리그만은 심리학 분야에서 최고의 학자로 흥미롭게도 그의 전문 연구 분야는 우울증이었으며 그의 유명한 심리학 이론은 학습된 무기력 Learned helplessness이었다. 이처럼 인간의 부정적 감정에 정통했던 그가 미국 심리학회장을 맡으면서 아래와 같은 개인적인 이야기로 심리학 연구의 새로운 방향을 제시한다. 그의 연설과 관련한 개인적인 소회를 한 번 들어보자.

"긍정 심리학으로의 변화에 관한 생각은 내가 미국심리학회장으로 선출된 지 몇 달 후의 어떤 특정 시점에 시작되었어요. 우리 집 정원에서 내가 다섯 살짜리 딸 니키와 잡초를 뽑고 있을 때였습니다. 나는 아이들에 관한 책을 쓰고는 있지만 사실 아이들에게 잘해주지 못한다는 사실을 고백해야 할 것 같습니다. 나는 목표 지향적이고 분초를 다투며 살아왔습니다.

내가 정원에서 잡초를 다 뽑고 일을 마치려고 하고 있었습니다. 그런데, 니키는 잡초들을 하늘로 던지고 춤을 추고 있었어요. 나는 그녀에게 소리를 질렀죠. 그녀는 돌아서 나가는 것 같더니 다시 돌아와서 말했어요.

아빠, 내가 다섯살 되기 전을 기억해? 나는 징징거리는 아이였잖아. 나는 온종일 징징거렸어. 그러다가 내가 다섯 살이 되었을 때 나는 더 이상 징징거리지 않기로 결심했어. 그건 내가 한 것 중에 가장 어려운 결정이었어. 내가 징징거리는 걸 그만둘 수 있으니, 아빠도 그렇게 심술부리는 것 좀 그만해!

이 대화는 내게 엄청난 깨달음을 주었습니다. 니키를 키우는 것은 징징거리는 걸 고치는 게Correcting 아니었어요. 니키는 그걸 스스로 해냈어요. 대신에 니키를 키우는 것은 내가 '영혼을 들여다보는 것Seeing into the soul'이라고 부르는 마법 같은 방식이었어요. 영혼을 들여다볼 수 있는 기회를 더 많이 주고, 니키가 스스로 자신의 삶을 이끌어 나갈 수 있도록 그녀의 연약함과 인생의 폭풍으로부터 잘 지켜주는 것이었습니다."4

마틴 셀리그만은 아이를 키우는 것은 문제를 해결하고 잘못된 것

---

4 Seligman (2002), 저자 역.

을 교정하는 것이 아닌, 아이들이 제일 잘 할 수 있는 것을 향상시켜 주는 것임을 불현듯 깨닫는다. 그것은 아이들이 자신의 강점을 스스로 선택해서 실천해볼 수 있는 적합한 환경을 잘 찾을 수 있도록 도와주는 것이 중요하다는 것이었다.

돌이켜 보니 그러했다. 수십 년에 걸친 우울증과 그 치료에 관한 많은 노력으로 심리적인 고통을 완화시키는 데에는 성공했지만, 근본적으로 사람들이 행복하게 만드는 데에는 효과적이지 못했던 것은 아닐까 반추한다. 왜 그럴까? 긍정 심리학자들은 기존의 방법론들이 상대방의 문제를 해결해 주려는 방식으로 접근해 왔기 때문이라고 주장한다. 현상을 진단하고 이에 맞는 조치들을 개발해서 적용해 보고 그 결과를 평가해 주고 다시 진단에서부터 반복하는, 개인의 문제점을 해결해 주고 약점을 보완해 주는 이러한 방식으로는 더 나은 행복을 얻기가 어렵다는 것이다.

결국 그 누구도 나를 대신해서 문제를 해결해 줄 수는 없으며, 이보다는 개인의 심리적인 강점(예를 들어, 낙관, 번영, 희망, 정직, 끈기, 용기, 긍정, 미래 지향성)을 개발시켜 어떤 부정적인 상황이 오더라도 이를 이겨낼 긍정성의 완충Buffering 장치를 가지게 해 줄 수 있는 것이 필요하다는 것이 긍정 심리학의 기저에 깔려있는 가정이다. 이를 위해 마틴 셀리그만은 긍정 심리학은 최적화된 인간 행위에 대한 과학적인 접근으로 개인과 사회를 번영시키는 요인들을 찾고 확산시키는 데 그 목적이 있다고 말한다.

이러한 심리학계의 근본적인 변화와 새로운 움직임을 적극적으로 수용한 일군의 심리학자들이 있었다. 그들은 네덜란드의 샤우펠리

Schaufeli, 베커Bakker, 데메로우티Demerouti와 같은 직업 심리학Occupational psychology을 연구하는 학자들이었다. 오랜 기간 일터에서의 번아웃을 연구했던 그들이 마틴 셀리그만이 가졌던 문제의식과 유사하게 그렇다면 도대체 번아웃 된 사람들을 고통으로부터 회복시키고 다시금 번영시키기 위해서는 어떻게 해야 하는지를 고민하기 시작했고 그렇게 시작된 것이 바로 인게이지먼트 연구이다.

어떻게 하면 잔디를 잘 키울 수 있나요? 잡초를 자주 뽑아주면 되나요?

잡초를 깡그리 다 뽑기만 하면 맨땅밖에는 남지 않아요.

햇볕을 쫴 주고 물을 듬뿍 주세요. 그리고 퇴비를 뿌려주시고요. 그러면 잔디가 잡초를 이겨낼 겁니다.

어떻게 하면 잔디를
잘 키울 수 있나요?
잡초를 자주
뽑아주면 되나요?

잡초를 깡그리
다 뽑기만 하면
맨땅밖에는
남지 않아요.
햇볕을 쫴 주고
물을 듬뿍 주세요.
그리고 퇴비를
뿌려주시고요.
그러면 잔디가
잡초를 이겨낼 겁니다.

아침에 일어나면
일하러 가고 싶다고?

"인게이지먼트를 측정하는 방법에는 여러 가지가 있습니다. 그중에서 가장 많이 쓰이는 측정 도구는 UWES Utrecht Work Engagement Scale라는 아홉 문항으로 된 설문 도구가 있는데, 한 번 찬찬히 읽어보고 느낌을 나눠 봅시다."

박사 과정 때 수강했던 인게이지먼트 수업에서 콜브 교수님께서는 예의 그 인자한 표정으로 학생들에게 이야기하셨고 나는 UWES[5]의 문항들을 천천히 읽어 내려갔다. 아홉 개의 문항 중 아래 문항에서 시선을 멈출 수밖에 없었다.

'나는 아침에 일어나면, 일하러 가고 싶다.'

---

5 Schaufeli et al. (2006)

잊을 수 없는 강렬한 문구였다.

한국에서 직장을 다닐 때면 영화 〈사랑의 블랙홀〉처럼 그날이 그날 같은 매일 같이 반복되는 삶을 살았던 것 같다. 한 주에 이틀 정도는 야근을 했고 이틀 정도는 공식/비공식 회식이 있었고 그중 하루 정도는 필름이 끊길 정도로 크게 취하도록 술을 마셨다. 그리고 겨우 하나 남은 주중의 하루는 내 개인적인 모임을 했고, 주말에 하루 정도는 출근해서 주중에 다하지 못한 일을 마무리 지었다. 오전 6시에 일어나서 지옥철을 타고 꾸역꾸역 출근하면 오전 8시, 오후 7시에 정상(?) 퇴근을 한다고 해도 집에 가서 저녁 식사를 하고 씻고 나면 오후 10시가 다 되었고 잠시 소일거리를 하다가 잠자리에 들면 다시 똑같은 다음 날이 시작된다. 주말에는 모자란 잠을 몰아 잤고, 연휴나 휴가 때면 미친 듯이 좋은 곳과 맛집을 찾아다니면서 파괴적인 소비를 하면서 내 스스로를 위안했다. 그렇게 6년이라는 시간이 지나갔다.

그런데 아침에 일어나면 일하고 싶다니? 정말 말도 안 되는 질문이라고 생각했다. 그런 미친 사람이 있었을까? 아무리 옛 동료들을 떠올려 봐도 당최 기억조차 나지 않았다.

'나는 아침에 일어나면,

일하러 가고 싶다.'

24시간 그리고 일

우리는 모두 24시간을 산다. 그 누구도 예외 없이 인간에게 공평하게 주어진 것은 바로 하루 24시간 밖에는 없다. 그 24시간을 평일을 기준으로 평균적으로 나눠 보면, 우리는 대개 8시간 정도는 잠을 자고, 8시간 정도는 여가시간으로 활용해서 먹고, 마시고, 다른 사람들과 어울리고, 유튜브를 보거나, 운동도 한다. 그리고 우리는 8시간 정도는 일을 한다.

이렇게 시간을 쪼개 놓고 보니, 잠과 관련한 8시간은 우리가 정말 심각한 문제가 있어서 전문가에게 도움을 받아야 하는 것이 아니라면 행복을 위해 우리 스스로가 개입할 수 있는 여지가 많지 않아 보인다. 그리고 건강한 여가와 관련된 8시간은 기본적으로 우리에게 휴식과 에너지를 충전할 수 있는 시간일 가능성이 크다. 그렇다면 결국 우리 삶에서 제일 중요한 것은 일과 관련된 저 8시간을 어떻게 하면 잘 보내는 것이라고 아주 단순히 생각해 볼 수 있다. 그러고 보니 만약 일하는 8시간을 잘 보낼 수 있다면, 8시간의 수면의 양과 질도 좋아질 것이고, 8시간의 여가시간도 더 좋아질 거라는 가정도 가능해진다.

인간에게 일이란 숙명적이다. 아무리 하기 싫어도 일해야만 기본적인 삶을 영위하는 데 필요한 것들을 할 수가 있다. 여기에서의 일이란 곧 노동Labor을 뜻한다. 노동이라고 하면 떠오르는 느낌이 있다. 고되고, 힘들고, 해야만 하는 것. 그것이 오랫동안 노동을 대하는 사람들의 인식이었다. 반대로 일에는 인간이 일을 통해 자신에게 주어진 운명을 극복하고 스스로를 개발해 나가는 호모 파베르Homo Faber의 측면도 있다. 중학교 때, 도덕 교과서에서 배운 것처럼, 일은 내 삶의 의미를 주는 자아실현의 도구인 것이다. 내가 하는 일이 곧 나 자신인 것이다.

행복,
지금 이 순간

"진정한 행복은 먼 훗날 달성해야 할 목표가 아니라,
지금, 이 순간 존재하는 것이다."
-영화, 〈꾸뻬씨의 행복 여행〉-

인게이지먼트는 행복을 정말 단순하게 바라본다. 만약 내가 일하는 시간 동안 인게이지먼트를 느낄 수 있다면, 물론 우리가 일하는 그 순간순간 매번 그러한 감정을 느낄 수야 없겠지만 인게이지먼트 상태로 가기 위해서 나 자신과 나를 둘러싼 환경을 스스로 통제하고 만들어 나갈 수 있다면, 그래서 자주 그리고 주기적으로 그러한 감정을 느낄 수 있다면, 그것은 아마도 행복에 굉장히 근접해 있다는 것이다. 그저 내가 하는 나의 일이 즐겁고 재미있고, 고용의 지속가능성을 느끼며 장기적 관점에서 나의 경력을 발전시켜 나갈 수 있으며, 동료들과 따뜻하고 인간적이면서도 함께 성장을 경험할 수 있는 관계를 맺고 싶은 건 아닐까?

모든 것을 다 갖춘 행복이란 유명 디자이너의 맞춤복처럼 너무 비싼 거 같다. 그렇다고 그냥 길거리 아무 곳에서 골라 입어야 하는 도떼기로 팔리는 기성복 같은, 그래서 어디서나 쉽게 살 수 있는 행복을 갖는다는 건 무슨 의미가 있을까. 그저 지금 이 순간 내가 스스로 만들어 가는 내게 꼭 맞는 옷처럼, 내가 하는 일에서 인게이지먼트를 느낄 수 있다면 감히 행복하다고 말할 수 있는 것, 그것이 바로 인게이지먼트다.

인게이지먼트 상태로 가기 위해서 나 자신과 나를 둘러싼 환경을 스스로 통제하고 만들어 나갈 수 있다면, 그래서 자주 그리고 주기적으로 그러한 감정을 느낄 수 있다면, 그것은 아마도 행복에 굉장히 근접해 있다는 것이다

인게이지먼트란?

ENGAG

인게이지먼트를
음미하는 방법

"너 미국 가서 뭐 배웠냐?"

"어 그게 인게이지먼트라는 건데 ….."

"그게 뭔데?"

"응, 일할 때 막 찌릿찌릿 하게 즐겁고, 내 손으로 뭔가 이룬 것 같은 느낌도 들고, 마음 맞는 사람들끼리 으쌰으쌰 해서 잘 되고 그럴 때 있잖아, 그런 상태가 뭔지 그리고 그러기 위해서는 뭘 해야 하는지 그런 거."

"뭐야 그딴 거 배우려고 유학까지 간거야?"

'인게이지먼트가 무엇인가?' 라는 질문은 사실 쉬운 질문이다. 그리고 그거 별거 없다는 평가는 더 쉬운 대답이다. 하지만 이 단어 하나를 정의하기 위해 누군가는 인생을 건다. 하나의 학술적 개념을 만들고 정의하는 것은 정말 정말 어려운 일이다. 이 세상에서 아이를 낳고 키우는 것이 가장 어렵고 그다음으로 어려운 것이 개념 정의라고 나는 생각한다. 그래서 우리는 누군가가 만들어 놓은 정의를 볼 때 정말 존경의 마음으로 오래된 왕궁터를 발굴하는 학예사의 섬세한 손길로 그 정의를 음미해 볼 필요가 있다.

이렇게 서두를 끄는 데는 이유가 있다. 뭐 대단한 건 줄 알았는데 별거 없다는 반응을 많이 보아 왔기 때문이고, 사실 내가 그 심통한 반응을 보였던 사람 중의 하나이기도 했다.

인게이지먼트는 활력, 전념, 심취로 특징 지어지는 긍정적이고 성취 지향적인 일과 관련된 심리 상태를 말한다.[6] 이 간단해 보이는 정의 하나, 그리고 이 정의를 바탕으로 한 측정 도구인 UWES, 마지막으로 인게이지먼트와 관련된 다양한 요인들의 구조적인 관계를 규명한 JD-R 모델Job demands-resources model, 직무요구-자원 모델[7]이 사실 지난 20여 년간 수많은 학자들이 수천 여 편의 논문을 쓰고 이 주장들에 대한 비평을 수용하고 반박하면서 어렵게 알게 된 세 개의 반지이다. 그렇기에 우리는 알고 싶은 것이 아직 많다.

이제부터는 인게이지먼트의 세 가지 구성 요소인 활력, 전념, 심취에 대해 한 번 알아보고자 한다.

---

6 Schaufeli et al. (2002)
7 Bakker & Demerouti (2007)

활력, 전념, 심취 : 인게이지먼트의 삼발이

1 활력: 살어리랏다!

활력이란 높은 수준의 신체적이고 심리적인 에너지를 말한다. 활력은 영어로 Vigor라는 단어이며 한자로는 '기氣'와 유사한 개념인 인게이지먼트의 행동적인 특성이다.[8] '기'라는 것은 내가 가지고 있는 일정한 양의 기가 있고/없다 또는 높고/낮다는 의미와 함께, 내가 어떤 상황에 따라 필요한 기를 효과적으로 통제하고 조절해서 쓸 수 있다는 개념도 포함하고 있다.

어느덧 중년의 나이가 되다 보니 이제 지능보다는 체력이 더 중요한 타고난 재능이라는 것을 몸소 느낄 수 있다. 예전에는 거뜬했던 소위 '어제 날밤을 깠다'라는 무용담은 이제 목숨을 건 선택이 되어버렸

---

[8] Shirom (2010)

고, '나는 멀티태스킹이 체질이야'라는 호기로움은 무수한 어처구니 없는 실수를 낳을 뿐이다. 줄어든 체력을 지혜로 커버하기에는 내가 가진 지혜란 별 볼 일 없을뿐더러 세상은 그 한 줌도 안 되는 지혜로 버티기에는 너무 빨리 변해간다.

그렇지만 이러한 체력의 저하를 단순히 생물학적인 나이로 그 원인을 볼 것만은 아니다. 20대 초반에 우연한 기회에 한 유명인의 집을 방문한 적이 있었다. 분명 그가 지난 밤늦게 나와 같은 시간에 귀가한 걸로 알고 있었고 나는 굉장히 피곤해하며 그 집에 도착했는데, 웬걸 이미 아침 댓바람부터 집안에는 손님들로 가득했다. 고령에 저런 에너지는 도대체 어디서 나온 것일까? 인간의 욕망은 노화의 진행으로 자연스럽게 줄어든 기조차도 적절히 통제하게 만드는 것이다.

이처럼 활력이 높고 이를 적절히 통제할 수 있는 사람들은 멘탈이 붕괴한 상태에서도 빠르게 회복하고, 일할 때 육체적으로도 정신적으로도 강한 에너지를 쏟아부을 수 있으면서도, 어려움이 닥쳐도 그러한 에너지를 오랫동안 유지할 수 있다. 활력은 흔히 말하는 건전한 몸에 건전한 정신이 든다는 말처럼 일하면서 내 몸의 신체적인 상태가 인게이지먼트를 느낄 수 있도록 준비되어 있느냐와 관련이 있다.

활력의 반대말은 탈진Exhaustion으로, 적극적으로 아무것도 하고 싶지 않고 할 수 없는, 완벽히 방전된 상태를 말한다. 이러한 탈진 상태에서는 빠르고 탄력적인 회복력이 중요한데, 그러기 위해서는 신체적인 에너지를 활용한 움직임이 필요하다. 탈진할 때 움직이지 않으면 그 멈춤의 무게가 시간이 지날수록 더 무거워지는데, 진흙탕에 빠진다 해도 어떻게든 앞으로 나가야지 가만히 있으면 진흙이 굳어 버려서 아예 움직일 수도 없는 것이다.

이러한 활력은 부정적인 감정을 많이 느끼거나 내가 하고자 하는 일이 생각처럼 순탄치 않을 때 더욱 빛을 발한다. 어렵게 도전한 일이 실패하거나, 생각했던 기한이 연장되어서 고통스럽게 일해야 할 때, 어처구니없는 고객의 갑질에 대응해야 할 때처럼, 정말 밑도 끝도 보이지 않는 컴컴한 터널 안에서도 희망과 용기를 잃지 않고 끝까지 완주해 나가는 힘의 원천이 바로 활력이다. 이는 단순히 '할 수 있다'는 의지만으로 되지 않는다. 납작 엎드려서 몸과 마음을 가볍게 하고 저공비행을 하면서 에너지를 비축하며 조금씩 전진하는 지구력도 필요한 것이다.

"하루에 5mm라도 전진하기 위해 그리고 또 그린다."
- 미야자키 하야오-

우리의 몸은 초크

인게이지먼트의 세 가지 요소 중에 한국 사회에서 가장 부족한, 그래서 인게이지먼트에 가장 부정적인 영향을 줄 수 있는 것은 아마도 이 활력의 문제라고 생각한다. 너무 많은 사람이 신체적 건강 문제와 이에 영향을 받는 정신적 건강 상태가 갉아 먹이고 닳아서 낡아 있다. 지금은 상황이 많이 좋아졌다지만, 한국 사회의 여전한 장기간 근로 시간과 음주 문화는 이 활력을 저해하는 근본적인 원인이다.

사회 초년생 때는 탁월한 성과를 내고 승진하면 그에 맞춰서 급여가 오른다고 생각했던 때가 있었다. 그런데 더 막중한 책임감과 업무의 난이도로 인해서 일하는 시간이 더 늘어났고 시간당 월급은 크게 변하지 않는다고 느낌이 들 때가 많았다. 모두가 중년에 접어들은 친구들과 이야기를 할 때면 '활기 넘치던 젊을 때는 젊을 때였으니까 그렇게 일하는 게 가능하지, 요즘에는 언제까지 이렇게 찌들어서 살 수 있을까?' 하는 걱정들을 나누고는 한다.

"나 지난 달에 9 to 6로 일했다."

"오 승진했다더니 워라밸 좋아졌는데?"

"풋 ⋯. 오전 9시에 출근해서 새벽 6시에 퇴근했어. 그리고 집에 가서 씻고 옷 갈아입고 다시 나가는 거야. 내가 지난달에 전 세계에서 가장 오래 일했다."

한때 프로야구에서는 투수가 공을 많이 던지면 던질수록 무쇠 팔처럼 단련이 된다는 일본에서 널리 받아들여지는 이론과 공을 많이 던질수록 부상 위험과 구속 저하가 나타난다는 초크(분필) 이론이 팽팽하게 맞서던 시기가 있었다. 하지만 최근에는 투수들의 팔꿈치/어깨 수술이 급증했고, 평균 150킬로가 넘는 강속구와 다양한 변화구를 효과적으로 섞어 던져야 하는 현대 프로야구에서는 초크 이론이 더욱 설득력을 얻어 가고 있다.

인게이지먼트의 행동 에너지인 활력도 초크에 가깝다. 예전에 비해 현대 사회에서는 근로자에게 요구되는 업무의 강도가 크게 증가되었을 뿐 아니라, 글로벌 경쟁에 내몰린 일터는 이미 아와 피아와의 투쟁이 일상인 전쟁터가 되어 버렸다. 수면 부족, 과도한 음주, 그리고 휴식 없는 근무는 근로자의 인게이지먼트를 저하시킬 뿐만 아니라 모두의 건강과 안전에도 엄청난 악영향을 미칠 수 있는 매우 부적절한 업무 환경이다. 세계 최고 수준의 산업재해 그리고 높아만 가는 업무 관련 자살은 초크가 다 닳아버린 사람들의 손으로 써 내려 간 유서처럼 느껴진다.

한국에 있을 때는 회식이나 주말 등산, 업무적으로 참석해야 하는 공무성 관혼상제를 제외하고도, 50시간 이상을 일했다. 물론 지금은 사는 곳과, 직업, 작업 환경, 하는 일이 달라졌고, 내게 주어진 40시간만 일한다. 두 근무 형태를 최대한 같은 수준에서 비교해서 봐도 더 짧게 일하는 지금이 훨씬 높은 생산성을 보여준다. 그건 왜일까?

낭비제거 경영기법에서는 우리가 일하는 시간을 크게, 핵심 일을 할 수 있는 시간, 필요 낭비, 낭비의 시간으로 구분한다.

핵심 일은 내가 하는 일에서 성과가 나오고 창의성을 낼 수 있는 가장 중요한 일을 말한다. 엔지니어라면 코드를 짠다던지, 스태프 업무에서는 주요 전략 수립을 위해 데이터를 분석하는 시간, 그리고 선생님에게는 학생들을 가르치고 교재를 만드는 시간을 말한다.

필요 낭비는 핵심 일을 하기 위해서 어쩔 수 없이 반드시 일을 해야 하는 시간을 말한다. 짜놓은 코드에서 발생한 불필요한 실수를 수정하는 시간, 분석된 데이터를 예쁘게 파워포인트로 만드는 시간, 수업 전에 수업과 관련된 행정적인 잡일을 처리하는 것이 필요 낭비다.

낭비는 일과 시간 중 사적인 개인 업무(예를 들어, 주식 매매)를 한다거나, 흡연을 하는 것, 혹은 외근을 위한 이동 시간처럼 핵심일/필요 낭비와는 관계없는 최대한 줄여야 하는 혹은 절대 줄일 수 없는 시간을 의미한다.

한국에서 일할 때는 필요 낭비와 낭비의 시간이 너무 많았다. 과도한 의전, 보고서 작성, 장시간의 통근시간, 그리고 회식. 그리고 이러한 일들은 나의 활력에 정말 부정적인 영향을 미쳤다. 본 게임 전에 스파링으로 힘을 다 빼낸 느낌이었다.

특히, 한국의 연장 근로가 미국과 다른 큰 이유 중의 하나는 미국은 기본적으로 개인의 성공을 위한 자발적인 선택의 경우가 많다면 (물론 미국도 강압적인 경우가 많다), 한국의 경우는 눈치를 보느라 일을 오래 하는 경우가 많다. 이러한 비자발적인 연장 근무는 활력에 크게 부정적인 영향을 미친다.

"(정시에 퇴근하며) 오늘은 (너보다) 일찍 들어가겠습니다!"
-「비정상 회담」, 미키-

근무 시간이 하루에 8시간을 넘어가면 잠과 휴식을 위한 나머지 16시간의 양과 질이 떨어질 수밖에 없다. 인간은 8시간 내내 인게이지먼트 상태를 유지할 수 없다. 일하는 순간순간 짧게 짧게 인게이지먼트의 상태를 경험할 뿐이다. 8시간이라는 내게 주어진 계약의 시간이 있고 이 시간을 효율적으로 쓸 수 있다는 자율성이 있어야 인간은 인게이지먼트 상태로 가기 위해 여러 가지 개인적인 동기 부여 방법을 사용한다.

하지만 내가 내 스스로의 근무시간을 조정할 수 없다면 굳이 높은 인게이지먼트 상태에서 일을 할 필요가 없는 것이다. 8시간에 여덟

번 올 수 있는 인게이지먼트를 12시간 일한다고 해서 12번 경험할 수 있는 것이 아니기 때문이다. 12시간을 일을 시키지만 똑같이 8번의 인게이지먼트를 경험할 수 있다면 그리고 이런 상태가 장기적으로 이어져서 하루에 8번도 인게이지먼트를 경험할 수 없다면, 어떤 선택이 더 좋은 선택일까? 이제는 더 이상 직원들과 근무 시간을 얻기 위한 것이 아닌 인게이지먼트를 위한 노동 계약을 해야할 때가 되었다. 아니 이미 지났다. 엉덩이의 힘으로 일하기에는 우리는 인게이지먼트를 더 필요로 하는 시대에 살고 있다.

2 전념: 내 일이 나야

영화 〈레볼루셔너리 로드〉에서 레오나르도 디카프리오는 매일 아침 똑같은 스타일의 정장을 입고, 넥타이를 메고, 모자를 쓰고, 신문을 들고 있는 수많은 사람들과 함께 기차를 타고 매일 뉴욕으로 출근한다. 그리고 길게 줄 지어진 책상에 앉아 모두가 비슷한 일을 한다. 그 유명한 〈모던타임즈〉에서 찰리 채플린이 생산 라인에서 나사를 조이는 것이 블루 칼라 노동자의 일상을 보여주었다면, 〈레볼루셔너리 로드〉는 현대 사회에서의 화이트 칼라 노동자 근무 환경의 단면을 보여준다.

중요한 차이점은 레오나르도 디카프리오의 삶은 완벽하다는 것이다. 멋진 정원이 딸린 교외의 단독 주택, 연극 배우인 아름다운 부인과 사랑스러운 아이들. 하지만 그들은 언제부터인가 삶의 의미를 잃고 그저 하루하루를 떠나보내고 있었다.

"당신 같이 멋진 사람이 적성에 안 맞는 일을 억지로 하면서
이런 곳에 사는 것이… 우린 특별한 게 없어요.
다른 사람들과 똑같잖아요."
-케이트 윈슬렛-

    인류가 자급자족과 물물교환 같은 초기의 경제 활동을 시작하고, 중세에 들어 자본주의의 맹아적인 모습들이 나타날 때까지 일이라고 하는 것은 한 명의 장인 그리고 그의 도제들이 모든 것을 관장하는 시스템인 경우가 많았다. 나의 일이라는 것은 삶의 사명으로 받아드려야 하는 소명Calling이었고 평생에 걸쳐서 향상시키고 개선해 나가야 할 과업이었다. 하지만 근대 산업사회로 들어오면서 기술의 발전으로 인해 대량 생산이 가능해졌고, 동일한 일을 반복해야 하는 다수의 사람이 필요해졌다. 이 거대 조직을 효율적으로 관리하기 위해 고안된 관료제는 그 이전 역사에서는 몇몇 개인이 담당하던 일을 모두 쪼개고 세분화시킴으로써, 반드시 필요한 핵심 기술과 책임이 한 개인에게 집중화되는 것을 허용하지 않도록 하였다. 이러한 일의 분절화를 통해 개인이 아주 업무를 단순 반복하게 함으로써 전문성과 생산성을 높여왔다. 이렇게 아주 긴 전체 프로세스에서 세분화된 작은 단위의 과업만을 담당하며 숙련을 높여서 전체의 생산성을 높여 가는 방식은, 개인이 자신의 일에 대해 가지고 있던 동질감을 없애 버렸고 그 와중에 일의 의미는 어느덧 사라지게 된다. 레오나르도 디카프리오가 느꼈던 그 공허함은 오늘 우리의 이야기가 아니다. 〈레볼루셔너리 로드〉는 1950년대가 그 배경이었다.

인게이지먼트의 정서적인 구성 요소인 전념Dedication은 개인이 자신의 일에 대해 중요성, 열정, 영감, 자부심, 도전 의식을 느끼면서 자신이 하는 일에 강하게 동질감을 느끼는 상태인데, 이러한 인게이지먼트의 전념에 있어서 가장 중요한 요인 중의 하나가 바로 개인이 느끼는 일의 의미Work meaningfulness가 된다.

해크먼과 올드햄의 직무 특성 이론은, 1970년대 만들어져서 아직도 널리 쓰이는 위대한 이론이다.9 그들은 한 조직의 직무를 디자인할 때 반드시 기술 다양성Skill variety, 과업 정체성Task identity, 과업 중요성Task significance, 직무 자율성Autonomy, 피드백Feedback을 고려해야 한다고 주장한다. 이 중에서 기술 다양성, 과업 정체성, 과업 중요성을 결합하면 개인이 일에서 느끼는 일의 '의미Meaningfulness'를 구성한다고 말한다. 즉, 내가 하는 일이 내게 의미가 있으려면 내가 다양하고 수준 높은 기술을 사용해서, 전체 업무에서 중요한 일임을 담당해야 하고, 그 결과물에 내가 공헌하는 정도가 높아야 한다는 것이다.

직장 생활을 할 때, 글로벌 기업에서 마케팅 전문가가 경력 채용되어서 입사한 적이 있었다. 회사의 마케팅 역량을 높여 보자는 취지였는데, 몇 해 지나지 않아 이직을 한다는 소식을 들었다. 퇴사를 즈음해 '잘 지내신다고 들었는데 왜 떠나시냐'는 질문에 대한 답변을 들은 적이 있다.

"여기는 업무 분장이 브랜드, 제품, 유통으로 정확히 다 나눠져 있어서, 마케팅에 관해 하고 싶은 일을 전문적으로 할 수 있긴 한데, 그

---

9 Hackman & Oldham (1976)

런데 뭐랄까 내 것이 아닌 것 같다는 느낌이 들어. 브랜드부터 유통까지 이런저런 내가 직접 챙겨야 할 일이 많아지더라도 나는 내 새끼 키워서 성공하고 싶어."

이 분은 왜 일의 의미를 잃으셨을까? 먼 훗날 수업에서 직무 특성 이론의 과업 정체성 부분을 배울 때 불현듯 이 분이 생각이 났다. 바로 하나의 눈에 보이는 생산품을 만들어 나가는 과정에서 내가 공헌을 한 정도를 말하는 과업 정체성이 낮았기 때문이다. '내 새끼'라는 표현이 아직도 잊혀지지 않는다.

얼마 전, 국내 모 기업을 대상으로 리더십 개발 연구를 하면서 현재 '한국 조직이 처한 리더십의 위기 혹은 도전의 핵심은 세대간의 극한 갈등이 아닐까?'라는 결과를 도출할 수 있었다. 특히 이제 막 경력을 시작하는 주니어 레벨의 일에 대한 인게이지먼트가 떨어지고 단기간 내에 퇴사하는 경우가 많다는 것이다. 최근 혹은 지난 수년간 지속된 이 문제가 일의 의미의 위기에서 많은 부분 기인한 것이라고 보았다.

한국 사회가 고도로 발전하던 80~90년대만 해도 '과장' 승진은 큰 경사였다. 지금의 과장이 한 분야에서 다양한 기술을 구사하고 중요 업무를 다루는 매니저의 역할을 하는 직급의 개념이라면, 당시의 과장은 한 '과'의 '장'에 해당하는 직책의 의미에 가까웠다. 과장 밑에는 업무 지휘를 받는 많은 사원, 주임, 대리, 계장들이 있었다. 그때와 달리 지금은 각 업무에서 기술 다양성이 점점 더 심화하면서 고도의 역량을 가진 전문가급 인재가 많이 필요로 하면서 소위 '경력 있는 신입(?)'을 원하는 경우가 많아지고 있다. 한 부서에 과장급 이상의 전문가들이 많은 탓에 신입으로 부서에 들어가면 소위 '짜치는' 업무에서 벗

'한국 조직이 처한 리더십의 위기 혹은 도전

핵심은 세대간의 극한 갈등이 아닐까?'

어나기가 쉽지 않다. 예전에는 경기가 좋아서 조직도 빨리 성장하고 사원에서 과장으로 가는 속도도 빠를뿐더러 매년 신입사원을 대규모로 뽑기 때문에 한 부서에도 후임들이 빨리빨리 들어왔다. 소위 복사만 얼마간 열심히 해도 빠르게 이러한 짜치는 업무에서 벗어날 수 있었던 반면, 지금은 꾹 참고 몇 년을 일해도 희망이 보이지 않으니 일에 의미가 생기기 어려운 구조인 것이다. 특히 이런 짜치는 업무들은 기술 수준은 낮고 중요도가 떨어지지만 챙길 것은 많고, 한 번 실수가 발생하면 질책을 받기도 쉽다. 내가 이러려고 그렇게 열심히 살았나 한탄이 절로 나올 수밖에 없는 직무 설계인 것이다.

그렇다면 예전 세대는 이렇게 일의 의미가 줄어드는 상황을 어떻게 견뎌왔을까? 일이 주는 의미가 적더라도, 한 조직의 능력 있고, 중요하고, 가치 있는 구성원으로 인정받으면서 느낄 수 있는 조직기반 자긍심Organization-based self-esteem이 일의 의미를 대체해 온 것으로 보인다.[10] 내가 하는 일은 비록 거대한 기계안에 작은 톱니바퀴에 불과하지만, 내가 일하는 그 기계가 커지면서 생활 수준도 나아지고 다른 사람들이 바라보는 시선도 좋아지기에 어느 정도 버틸 힘이 있었다. 여기에 더해 한국 사회는 평생직장의 구현을 통해 강력한 조직에 대한 헌신을 만들어 왔고 이에 따라 한국은 지금껏 일에 대한 전념이 강한 사회였다. 한 직장에서 평생 일하며 충성심 높은 직원들. 그리고 자기 일에 최선을 다하는 장인정신과 소명도 강한 편이다. 하지만 IMF 이후 지난 20여 년 동안 이러한 평생직장의 약속은 이미 폐기된 지 오래

---

[10] Pierce et al. (1989)

며 지금 같은 저성장이 지속되고 있는 현실에서 조직에 대한 조직기반 자긍심을 갖기란 쉽지 않다. 그래서 그렇게 그들은 조직을 떠난다. 이처럼 조직에 대한 자긍심, 평생직장이라는 한국 사회의 성장 신화는 이미 다 불타 버렸다. 이러한 전념의 위기의 시대를 예견한 듯, 〈레볼루셔너리 로드〉의 케이트 윈슬렛은 이렇게 말한다.

"의미 있게 사는 것이 미친 거라면 난 얼마든지 미칠래요."

3 심취: 삼추 여일각[11]

나는 살면서 두 명의 천재를 만났다. 한 명은 정말 무시무시한 천재였다. 복잡다단한 현상을 한 큐에 꽂아 넣는 그 엄청난 논리적 추론 능력은 정말 타의 추종을 불허했다. 더 무서운 것은 이런 재능에 더해 엄청난 노력파였다. 등골이 오싹할 정도로 멋진 친구였고 절대 경쟁하고 싶지 않았다. 다른 한 명은 조금은 다른 스타일의 천재였다. 가정에 정말 충실한 좋은 부모이자 배우자였고, 멋진 동료이자 리더이면서도, 만능 스포츠맨이었으며, 애주가였다. 하루에 딱 정해진 시간만 일하고 그 이후에는 어떤 일이 있어도 더 일하지 않았다. 그리고 엄청난 결과물들을 쏟아내는 스타일이었다. 나는 밤을 새우고 주말에 나와서 일해도 겨우겨우 문제가 터지지 않을 정도로만 사는데, 어떻게 그 많은 일을 그 시간에 다 할 수 있지? 세상이 참 불공평해

---

11 삼년이 일각(15분)처럼 느껴지다.

보였다.

　오랫동안 그분을 관찰했다. 그리고 일하는 그 시간만큼은 정말 최고의 집중력으로 사력을 다한다는 사실을 알게 되었다. 그 전날 운동을 조금 무리하게 했어도, 술을 코가 비뚤어지게 마셔도, 해야 하는 일이 하기 싫은 일이라도, 그냥 어떤 조건에 상관없이 주어진 시간에는 그 흔한 포탈 검색이나 소셜 미디어도 하지 않고 일에만 집중하며, 그날 할 일은 그날 끝내는 것을 알게 되었다.

　그랬다. 그것은 바로 '플로우Flow'였다.

　칙센미하이2004를 세계적인 학자로 만든 책, 《플로우》. 플로우는, 별다른 노력 없이 물 흐르는 것처럼 편안한 느낌을 갖게 되며, 주위의 모든 잡념이 사라지고, 몇 시간이 몇 분처럼 느껴지는 시간의 왜곡 현상이 나타나는 고도의 집중상태를 말한다.[12] 플로우 상태는 크게 개인의 능력과 도전적임 두 가지의 축으로 설명된다. 능력은 높은데, 내가 해야 하는 일이 도전적이지 못하면 지루함을 느끼고, 능력에 비해 해야 하는 난이도가 높으면 스트레스를 받으며 걱정스럽고 불안해진다. 만약 능력과 과제의 도전성이 둘 다 낮으면 해당 일에 대해 무관심해지고 설렁설렁하는 반면, 둘 다 높을 때 플로우를 경험한다는 것이다.[13]

　플로우는 인게이지먼트의 인지적인 에너지 심취Absorption와 일맥상통하는 개념이다. 심취는 자신의 일에 완벽히 그리고 긍정적으로 몰입한 상태로 한 번 몰입하면 빠져나올 수 없는 상태를 말한다. 이러한 심취에 대해 인게이지먼트의 측정 도구인 UWES의 대표적인 질문 문

---

12 Csikszentmihalyi (2004)
13 Engeser & Rhineberg (2008)

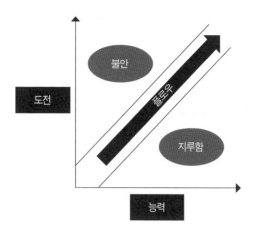

항은 이렇게 묻는다.

'나는 일할 때면 시간 가는 줄 모른다.'

특히, 심취와 관련해서 요즘 들어 가장 주목되고 있는 측면은 우리가 지금 심취를 방해받는 시대에 살고 있다는 것이다. 심취의 상태가 되기 위해서 그리고 그 상태를 유지하기 위해서, 우리는 모두 지속적인 '딴짓'의 유혹을 이겨내기 위한 순간순간의 전투를 치러내야 한다. 이러한 딴짓들은 이메일, 소셜 미디어, 유튜브, 인터넷 쇼핑 같은 것으로 당장에는 아주 작은 기쁨을 줄 수는 있으나 장기적으로 우리가 하고자 하는 목표에 부정적인 영향을 미칠 수밖에 없는 그래서 제어해야 하는 것들이다.

하지만, 이러한 딴짓을 반드시 부정적이라고 볼 것만도 아닌 것이 현대 사회에서의 심취의 어려움이다. 이전 세대의 심취라는 것은 모든 잡념을 떨쳐버리고 소음을 완벽히 차단한 상태에서의 심취였다. 깨달음을 위해 산속 암자에서 면벽 수도를 한다든지, 모든 연락처를 다 막아 버리고 잠수를 타고 공부를 한다든지, 아무도 알지 못하는 타국의 시골로 가서 외국어를 배우는 것과 같은 무언가에 집중할 수 있는 환경을 만들려고 하였다.

하지만 지금 우리에게 필요한 심취는 장시간에 걸쳐서 깊게 몰입하는 것뿐만 아니라, 여러 사람과 교류하고 다양한 소스들에서 얻은 여러 가지 정보들을 조합하고, 통합하고, 소화해 가면서 하루에도 몇 번씩 짧게 짧게 심취하는 것에 가까워지고 있다. 특히 소위 창의적이고 혁신적인 행동을 한다는 것은 심취의 사이사이 딴짓을 하면서 새로운 정보들을 접하고 그러한 정보들을 통합시키는 과정에서 일어날 수 있기 때문이다. 실제로 최근 연구에서 각종 IT 기기들을 이용해서 동시간 여러 사람과 커뮤니케이션을 하는 것이 자기 조절 능력과 인게이지먼트가 하락하는 와중에도 더 높은 업무 성과를 만들 수 있다는 연구 결과가 있다.[14]

사실 지금 이 글을 쓰는 나 역시도 이 글을 심취해서 쓰지만, 순간순간 포털도 확인해 보고, 소셜 네트워크 서비스에도 갔다가, 핸드폰으로 동영상도 한두 편씩 시간 가는 줄도 모르고 본다. 그리고 그중에 좋은 내용들, 생각해 봐야 하는 것들을 즐겨찾기 해놓고 메모도 해 둔다. 당연히 그 딴짓에서 얻는 정보들은 내가 지금 이 글을 시간 내에 마치는 데는 상관이 낮을 가능성이 크다. 지금 나의 심취를 갉아먹는

---

14 Orhan et al. (2021)

주의를 산만하게 하는 방해물일 뿐이다. 하지만 지금 쓰고 있는 이 글은 전부 다, 과거의 딴짓에서 모아놓은 정보를 조금씩 꺼내면서 쓰고 있는 것이다. 과거의 딴짓이 없었다면 지금의 이 심취도 없는 것이다.

이전에 우리가 가지고 있던 심취에 대한 접근은, 뚜렷한 목표를 가지고 옆길로 전혀 새지 않고 목적지만을 향해 직진하는 것이었는지도 모른다. 하지만, 그 과정에서 일어날 수 있는 새로운 정보와 아이디어, 그리고 그것을 바탕으로 이전에는 생각하지 못했던 결과를 만들어가는 재미와는 관련이 없을 터, 하나의 목표, 거기로 가는 하나의 길, 그리고 그 목표에 도달해야 하는 데 한정된 시간만이 주어진 것이 심취라면 그 심취는 어쩌면 우리를 하나의 아주 작은 창으로만 세상을 보게 만들어 버릴 것이다.

한국은 심취가 강한 나라다. 12년의 정규 교육 그리고 대학 교육과 이어진 사회생활을 통해 한국에서의 심취는 '벼락치기'라는 방식으로 체득되었다. 단기간의 목표를 세우고 그 목표를 달성하기 위해 체계적인 계획을 세우고 그것을 달성하기 위해 심취하는 것이다. 그리고 객관식 문항의 정답/오답이라는 확실하고 명확한 피드백 루프는 우리의 심취를 좀 더 강화시켜 준다. 이것은 사실 놀라운 문제 해결 능력으로, 정답을 찾아가기 위해 최적화된 심취의 과정은 우리에게 사실 많은 성취를 이루어 주었다.

하지만 눈앞의 목적을 달성하기 위한 벼락치기라는 신공은 칙센미하이가 말하는 플로우를 경험하게 해주는 행복감을 줄 수 있는 긍정적인 심취와는 다를 것이다. 딴짓이 일상화된 오늘날, 심취는 우리에게 심취로 가는 새로운 길을 만들어야 한다고 이야기한다.

하나의 목표,
거기로 가는 하나의 길,
그리고 그 목표에
도달해야 하는 데
한정된 시간만이
주어진 것이 심취라면

그 심취는 어쩌면
우리를 하나의
아주 작은 창으로만
세상을 보게
만들어 버릴 것이다.

인게이지먼트 되었다는 걸 어떻게 알 수 있을까?

지금까지 인게이지먼트의 세 가지 구성 요소에 대해서 알아보았다. 인게이지먼트는 활력, 전념, 심취의 세 개의 다리로 서 있는 솥과 같다. 세 개의 요소가 동시에 강하게 작용해야만 사람들은 인게이지먼트 상태를 느낄 수 있고 만약 하나라도 부족한 경우에는 그 균형이 깨어질 수 있기 때문이다. 활력과 전념이 있더라도 심취할 수 없다면 결실을 맺기 어렵다. 전념하고 심취하더라도 활력을 가지고 지속적으로 일할 수 없다면 그것은 수명을 줄이는 느낌의 고행의 길일 것이다. 활력과 심취가 있더라도 전념할 수 없다면, 나를 향하지 않는 그러한 인게이지먼트는 지속되기 어렵다. 결국 신체적 에너지인 활력, 감정적 에너지인 전념, 인지적 에너지인 심취가 온전히 동시에 활성화되는 그 극적인 순간에 우리는 인게이지먼트를 느낄 수 있다.

인게이지먼트 되어 있다는 것을 어떻게 알 수 있을까? 예를 들어 내가 지금 면접관이고 인게이지먼트가 높은 사람을 뽑고 싶다고 가정을 해보자. 면접에서 인게이지먼트의 정의를 소개해 주고, '그러면 지원자의 인게이지먼트는 어떤가요?' 라고 물었을 때, 만약 지원자가 '네. 저는 지금 아주 활력이 넘치고, 전념도 높고, 심취해 있어요! 저는 인게이지먼트 그 자체입니다!' 라고 말한다고 해서 그 지원자가 인게이지먼트가 높다고 볼 수 있을까? 그런데 막상 뽑고 나니, 퇴근한 이후에만 활력이 넘친다면, 무엇이 잘못된 것이었을까?

심리학적 개념인 인게이지먼트와 그 개념을 정확히 측정하기 위한 설문 도구들을 만들기 위해 지난 20여 년간 정말 많은 도전과 응전이 오갔다. 여러 종류의 설문 문항들이 개발되었고 이와 관련해서 여러 차례의 개념 연구, 문헌 연구, 그리고 메타 연구가 있었다. 그리고 그 처절한 열띤 토론의 각축장에서 샤우펠리와 베커가 만든 UWES라는 측정 도구가 지금까지는 승리한 것으로 보인다.

다음은 인게이지먼트를 측정할 수 있는 UWES 아홉 문항으로, 직무 수행과 관련한 설문 참여자의 느낌에 대한 것으로, 만약 그렇게 느낀 적이 있다면, '1'부터 '6'까지 얼마나 자주 그렇게 느꼈는지를 골라 주는 방식이다. 만약 그렇게 느낀 적이 전혀 없으면 '0'에 체크를 해주면 된다.[15]

0 = 한번도 없음	1 = 거의 없음 (일 년에 몇 번 이하)
2 = 매우 드묾 (한 달에 한 번 이하)	3 = 때때로 느낌 (한 달에 몇 번)
4 = 자주 느낌 (일주일에 한 번)	5 = 매우 자주 느낌 (일주일에 몇 번)
6 = 항상 느낌 (매일)	

---

[15] Schaufeli & Bakker (2004), UWES 아홉 문항 한국어 버전은 샤우펠리 교수의 홈페이지 (https://www.wilmarschaufeli.nl/tests/#engagement)에서 인용함.

인게이지먼트 되어 있다는 것을
어떻게 알 수 있을까?
예를 들어 내가 지금 면접관이고
인게이지먼트가 높은 사람을
뽑고 싶다고 가정을 해보자.
면접에서 인게이지먼트의
정의를 소개해 주고,
'그러면 지원자의 인게이지먼트는
어떤가요?' 라고 물었을 때,

만약 지원자가
'네. 저는 지금 아주 활력이 넘치고,
전념도 높고, 심취해 있어요!
저는 인게이지먼트 그 자체입니다!'
라고 말한다고 해서 그 지원자가
인게이지먼트가 높다고 볼 수 있을까?
그런데 막상 뽑고 나니,
퇴근한 이후에만 활력이 넘친다면,
무엇이 잘못된 것이었을까?

인게이지먼트를 측정할 수 있는 UWES 아홉 문항		점수
①	일터에서, 나는 에너지가 넘쳐나는 것 같다. (활력)	
②	나는 내 업무에서 힘차고 활기 있다고 느낀다. (활력)	
③	나는 아침에 일어나면, 일하러 가고 싶다. (활력)	
④	나는 내 업무에 열중해 있다. (전념)	
⑤	내 업무는 내게 영감을 준다. (전념)	
⑥	나는 내가 하고 있는 일이 자랑스럽다. (전념)	
⑦	나는 집중해서 일할 때, 행복을 느낀다. (심취)	
⑧	나는 내 일에 푹 파묻힌다. (심취)	
⑨	나는 일할 때 완전히 빠져든다. (심취)	
내 인게이지먼트 점수는?		

평균 점수에 따른 나의 인게이지먼트 수준				
1.77 이하	1.78~2.88	2.89~4.66	4.67~5.50	5.51 이상
매우 낮음	낮음	평균	높음	매우 높음

UWES는 2002년 17문항의 초안이 만들어진 이후로 9문항 그리고 3문항 버전의 타당화 작업이 이루어졌고 서른여 개 언어로 번역되어 전 세계에서 사용 중이다. 현시점에서 나의 인게이지먼트 수준을 알고 싶을 때 가장 먼저 측정해 봐야 하는 설문 문항들이다. 지금 잠시 시간을 가지고 해당 문항들에 답을 해 보기를 바란다.

어떻게, 여러분은 인게이지먼트를 충분히 느끼면서 살고 계신가요?

직무만족:
쌤쌤(Same Same),
징글쟁글(Jingle Jangle),
결국 그거 다 똑같은 거?

"70년대에 만들어진 설문지로 인간의 자율성을 연구한다는 게 말이 되나요?"

나는 굉장히 불만이 많은 석사과정 학생이었다. 고된 하루를 보낸 주중 어느 날 대학원 수업이 있었고, 수업 시간에 읽어야 할 학술 논문들이 있었다. 퇴근 버스에서 졸린 눈을 비비며 투덜투덜하며 논문을 대충 훑어보고 강의장에 도착했다. 그리고 나름 비판적으로 논문을 깠다. 지금이 어느 시대인데 70년대에 만들어진 이 구닥다리 문항으로 변화무쌍한 인간의 감정인 자율성을 어떻게 측정한다는 것인지, 모든 것이 장난처럼 보였다.

그랬던 내게 이제 학생들은 되묻는다.

"인게이지먼트는 단지 오래된 와인(직무만족)을 새로운 와인 병에 담아 놓은 것An old wine in a new bottle 아닌가요?"

우리는 한 명 한 명의 가치가 각기 다르고 소중한 인간이지만, 사실 영장류과의 인간은 비슷한 감정을 공유한다. 그렇기에 심리학에서 주로 연구하고자 하는 것은 바로 인간의 일반화할 수 있는 공통된 감정의 상태이다. 석사과정 시절 내가 비판했던 것은 그래서 그 근거가 빈약했다. 인간은 자신이 스스로 일하는 방식, 시간, 함께 일하는 사람을 선택할 수 있을 때 자율성을 느끼는데, 인간이 일을 하면서 느끼는 이 자율성이란 최소한 학술 연구의 증거들을 봐서는 1970년대나 지금이나 크게 변화가 없었다는 것이다(물론 많은 학자들이 새로운 혹은 아직 탐구되지 않은 개념을 찾기 위해 오늘도 열심히 연구를 하고 있다!). 반대로 내가 받았던 직무만족Job satisfaction과 인게이지먼트의 차이에 대한 질문은 언뜻 눈으로 두 개념의 정의를 읽어 봐서는 직무만족과 인게이지먼트가 크게 달라 보이지 않기에 꽤나 날카로워 보인다. 하지만 그 날카로움은 안타깝게도 쓰일 일이 별로 없다. 그 오래된 병에 넣어 둔 와인은 이제 아무도 관심을 두지 않기 때문이다.

학술 연구에서는 이제 연구의 가치가 높지 않아서 더 이상 학계의 관심을 두지 못하는 연구 주제들을 'Case-closed' 되었다고 말한다. 해당 주제에 대해서 많은 연구가 진행되어서 더 이상 궁금한 것이 많지 않은데다, 시대가 변해서 그러한 주제가 더 이상 의미가 없어졌다는 뜻이다. 직무만족은 자신의 일을 거래의 관점에 의존해서 바라본다. 즉, 만약 내가 하는 일이 내게 이득이 된다는 평가를 기반으로 한 일에 대한 즐겁고 긍정적인 감정적인 상태로,[16] 한 시대를 풍미하며 산

---

16 Locke (1976)

업 및 조직 심리학의 크나큰 발전을 이끌었던 중요한 연구 주제였다. 하지만 이제는 대다수 학자들에게서 직무만족 그 자체에 대한 특별한 관심이 점점 떨어져 가고 있다. 더 이상 직무에 만족한 직원에 관한 연구로는 조직의 긍정적인 결과와 개인이 일에서 느끼는 행복에 있어서 의미 있는 시사점을 끌어내기가 쉽지 않기 때문이다.

그렇기에 1999년 마틴 셀리그만의 APA 연설을 시작으로 긍정심리학에 대한 새로운 움직임이 막 일어나던 2001년은 한 시대를 떠나보내고 새로운 시대가 도래했던 분기점이었다. 2001년 학술지 〈Psychological Bulletin〉에 게재된 메타 연구에서 저지와 그의 동료들은 직원 만족과 직무성과와의 관계가 보통Moderate이라고 보고한다.[17] 즉, 자신의 일에 즐겁고 긍정적인 감정 상태를 가지고 있는 직무에 만족한 사람들이 자신의 일에서 특별한 성과를 낼 가능성이 높지도 낮지도 않다는 것이다. 그런데 저지와 동료들의 연구에서는 직무의 난이도Job complexity가 높은 경우에 직무만족과 직무성과의 관계가 더 높아진다는 결과도 함께 도출되었다. 이는 일에서의 흥미와 의미가 굉장히 중요함을 의미하며, 사람들이 일에서 느끼는 태도에 관해서 새로운 연구의 필요성과 가능성을 내포한 결과이기도 했다. 그리고 같은 2001년, 기존 번아웃 연구에서 뻗어 나와 번아웃과 대조되는 긍정적인 업무관련 직무태도의 존재를 확인했던, 향후 본격적인 인게이지먼트 연구의 시작을 알리는 연구가 발표된다.[18]

내 일에 만족한 직원은 어떤 사람일까? 직무만족은 직원의 수동적

---

17 Judge et al. (2001)
18 Maslach et al. (2001)

인 안녕Well-being 상태를 의미하고 있는데, 직무만족의 조금은 과한 극단적인 번역은 '철밥통'이다. 누군가가 시키는 대로 일하면서, 업무가 비효율적이라도 이미 정해진 방식만을 따르고, 퇴근과 주말만을 기다리면서도, 월급은 따박따박 나오는 일에 대해서 느끼는 만족 상태를 말한다. 하지만 이러한 직무만족은 철밥통이라는 오명으로 개인에게 그 부정적인 이미지를 덧씌우지만, 사실 이것은 근대 산업사회가 개인에게 강요한 결과이다.

세스 고딘(2010)은 그의 저서 《린치 핀》에서 관료제 조직하에서 개인은 자신의 천재성과 꿈을 버리고, 오직 누군가의 지시에 따르도록 세뇌당하며 살면서도 자신의 삶에 만족하도록 조종당하며 살아왔다고 주장한다. 그리고 이를 위해 경제적인 보상 특히 당신도 중산층이 되어 아메리칸 드림을 이룰 수 있다는 것을 미끼로 맡은 일에만 최선을 다하는 것을 미덕으로 강요했다. 자기결정이론Self-determination theory에 따르면 사람들은 자신이 스스로 무언가를 선택하고 싶은 욕구가 있다.[19] 그러나 자신이 스스로 운명을 선택하며 온갖 불확실성이 가득한 정글에서의 고독자로 살기보다는, 그저 시키는 대로 따르기만 하면서 굳이 고민할 필요도 없이 결과와 책임으로부터 자유로워질 것을 권해 왔다는 것이다.

영화 〈매트릭스〉에서 모피어스(로렌스 피시번)는 네오(키아누 리브스)에게 말한다. 세상이 잘못되었다고, 그리고 네오가 자신이 만든 마음의 감옥에 갇혀있다는 사실을 모른 채, 노예로 살고있다고. 그러면서

---

19 Ryan & Deci (2000)

파란 약과 빨간 약을 두 손에 들고, 파란 약을 먹으면 너는 네가 믿고 싶은 세상에서 노예로서의 평범한 일상을 살 수 있다고 말한다. 반대로 빨간 약을 먹으면 이상한 나라에 남아 끝까지 간다고, 그리고 그것은 바로 진실된 세계를 볼 수 있다고 이야기한다. 그리고 네오는 빨간 약을 선택한다.

우리가 하루하루를 살아가고 있는 매트릭스에서 직무만족이 파란 약이고 인게이지먼트는 빨간 약이라고 단정적으로 이야기하기는 어렵다. 하지만 무언가 내 삶이 그리고 내가 하는 일이 내가 꿈꾸었던 그것이 아니라면 오늘 한 번만은 빨간 약을 한 번 시도해 볼 수도 있는 건 아닐까? 모피어스는 묻는다.

"나는 네 마음을 자유롭게 해주려고 하고 있어, 네오.
하지만 나는 그 문을 보여 줄 수밖에 없어.
그 문을 통해 나갈 수 있는 건 오직 너야."

번아웃:
인게이지먼트의 대척점

촌철살인의 풍자로 유명한 카툰 딜버트를 보면 인게이지먼트를 다룬 것들이 여러 편 있어서 재미있게 봐왔다. 2014년 3월에 소개한 (dilbert.com/strip/2014-03-17) 카툰은 인게이지먼트가 단지 직원들의 노동을 착취하기 위해 경영자들 사이에서 유행하는 새로운 신조어로 인게이지먼트의 개념의 허구성을 신랄하게 비판한다.

어느 날 사악한 인사팀 디렉터인 캣버트는 "내가 회사의 이윤이 너의 건강보다 중요하다는 것을 믿도록 세뇌해 주마"라고 하며 "그것은 인게이지먼트라는 것인데 그건 네가 하루 12시간 내내 매순간 즐기면서 일하게 만들어 준다는 거야!"라고 말을 한다. 그러자 딜버트는 "그냥 나 돈을 위해 일하면 안 돼?"라고 되묻는다. 그러자 캣버트는 너왜 바보같이 구냐며 타박을 준다.

인게이지먼트의 긍정적인 측면을 주목하는 나와 달리 딜버트의 작가 스캇 애덤스는 인게이지먼트의 부정적인 그 이면을 폭로한다. 그것은 인게이지먼트가 자칫 잘못하다 보면 구성원이 감당할 수 있는 그 이상의 책임을 강요하며 결국 번아웃을 낳을 수 있다는 가능성을 경고한 것이다.

번아웃은 인게이지먼트와 대조되는 개념으로 2019년 세계보건기구WHO가 인정한 질병이 아닌 '직업 관련 증상'의 하나이다. 번아웃은 일하면서 발생하는 감정과 인간관계에서 야기되는 만성적인 직무 스트레스로 탈진Exhaustion, 냉소Cynicism, 무력감Inefficacy으로 특징지어진다.[20]

구체적으로, 탈진은 감정적으로 정도를 넘어서는 완전히 닳고 닳은 상태로 신체적으로 피로하고 방전되어서 감정의 얽혀짐을 풀어낼 수 없는 회복이 불가능한 상태를 말한다. 냉소는 일에 대해서 부정적이면 그나마 다행일 정도로 냉담하며 동료와 자신의 일에 대해서 멀찍이 거리를 두거나 자포자기하는 상태를 말하며, 무력감은 실패와 성취의 부족으로 점철된 상태이다.

인게이지먼트와 번아웃의 하부 요인인 활력Vigor은 탈진Exhaustion과 전념Dedication은 냉소Cynicism와 대비되는 개념으로 알려져 있다. 특히, 번아웃은 자신이 제공하는 노동에 합당한 보수, 인정, 지원, 승진이 상호 호혜적으로 제공되지 않을 때 나타날 가능성이 크다.[21]

매슬랙과 동료들이[22] 개발한 번아웃 척도 MBI-GSMaslach Burnout

---

20 Maslach (1993)
21 Lee & Ashforth (1996)
22 Maslach et al. (1996)

Inventory-General Survey는 아래와 같이 번아웃을 진단하고 있다.[23][24]

	나의 번아웃 정도 진단해보기	구성요소
1	내가 맡은 일을 하는데 있어서 정서적으로 지쳐 있음을 느낀다	탈진
2	직장 일을 마치고 퇴근시에 완전히 지쳐 있음을 느낀다	
3	아침에 일어나서 출근할 생각만 하면 피곤함을 느낀다	
4	하루종일 일하는 것이 나를 긴장시킨다	
5	내가 맡은 일을 수행하는데 있어서 완전히 지쳐 있다	
6	현재 맡은 일을 시작한 이후로 직무에 대한 관심이 줄어들었다	냉소
7	내가 맡은 일을 하는데 있어서 소극적이다	
8	내 직무의 기여도에 대해서 더욱 냉소적으로 되었다	
9	내 직무의 중요성이 의심스럽다	
10	나는 직무상에서 발생하는 문제들을 효과적으로 해결할 수 있다	효능감
11	내가 현재 소속된 직장에 효과적으로 기여하고 있다고 느낀다	
12	내가 생각할 때, 나는 일을 잘한다	
13	나는 직무상 무언가를 성취했을 때 기쁨을 느낀다	
14	나는 현재의 직무에서 가치 있는 많은 일들을 이루어왔다	
15	직무상에서, 나는 일을 효과적으로 처리하고 있다는 자신감을 가지고 있다	

번아웃과 관련해서 우리가 주목해야 할 점은 번아웃이 문제의 시작점이 아닌 결과라는 것이다. 번아웃에 빠진 사람들은 사실 처음에

---

23 MBI-GS는 원래 16문항으로 개발되었으나, 여기서는 한국 표본으로 타당화 작업을 거친 신강현 (2013) 의 15문항의 한국어 버전을 소개함.

24 MBI-GS는 '몇 개 항목 이상이면 번아웃이라거나, 몇 개 항목 이하이면 번아웃이 아니다라는 등의 번아웃 진단 타당도를 제공하지 않는다. 다만, 라이터와 매슬랙(2016)의 연구에서 탈진, 냉소, 효능감의 세 영역의 점수가 모두 부정적일 때 (즉, 높은 탈진과 냉소 그리고 낮은 효능감) 번아웃으로 분류될 수 있음을 제시함.

는 높은 인게이지먼트를 보이며 에너지가 넘치며, 그들의 노력과 시간을 기꺼이 어떤 성취를 위해서 쏟아부을 준비가 된 사람들일 가능성이 크다. 이러한 열정과 의지가 없는 경우에는 번아웃 자체가 나타나기 어렵기 때문이다. 문제는 누군가가 번아웃에 빠졌다는 건 개인의 에너지가 제대로 된 방향을 찾지 못했다는 것이고 매슬랙과 라이터(2005)는 번아웃을 인게이지먼트가 붕괴Erosion of engagement되는 과정이라고 표현하면 번아웃을 초래하는 여섯 가지 원인을 다음과 같이 분류하였다.

업무량 (과도한 업무 또는 수단의 부족)
자율성 (마이크로 매니징, 일에 미치는 영향력 부족, 권한 없이 책임만 존재)
보상 (부족한 급여, 인정, 만족)
공동체 의식 (고립, 갈등, 무례)
공정 (차별, 편애)
가치 (윤리적 갈등, 의미 없는 일)

이러한 다양한 이유들로 인해서 번아웃에 빠지게 되면, 높은 수준의 인게이지먼트를 통해 용솟음치던 에너지는 신체적 그리고 감정적인 탈진으로 흑화되고, 적극적으로 일을 리드하다가도 어느덧 냉소주의자가 되고 만다. 결국 모든 것을 해낼 수 있을 것 같던 유능감은 아무것도 할 수 없는 무기력으로 변화하는 것이다.

빈아웃에 빠진 사람들은 업무 성과가 눈에 띄게 떨어질뿐만 아니라 지각이나 근무 태만 같은 생산성이 떨어지는 행동을 초래할 수도 있고, 종국에는 심각한 건강상의 문제를 일으킬 수 있다. 이와는 반대로 인게이지먼트는 구성원들이 높은 수준의 에너지와 긍정성을 고취해 향상된 생산성과 성과를 가능하게 해 준다. 이처럼, 같은 에너지가 번아웃으로 치닫는 심리적인 프로세스를 에너지 짜내는 프로세스Energy-sapping process이라고 한다. 이와 반대를 동기부여 프로세스Motivation process이라고 하고 이렇게 심리적으로 상이하지만 서로 긴밀히 관련된 인게이지먼트와 번아웃의 팽팽한 긴장감이 도는 평행선의 심리적인 매커니즘을 이중 프로세스 모델Dual process model 이라고 한다.[25]

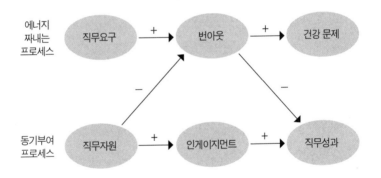

자원 보존Conservation of resources 이론을 기반으로 하는 연구들은 이러한 이중 프로세스 모델을 뒷받침해 준다.[26] 조직에서 내게 원하는 요구 사항이 증가할 때, 사람들은 이를 달성함으로써 얻게 되는 이익

25 Hakanen & Roodt (2010)
26 Hobfoll (1989)

Benefits과 자신이 투입해야 하는 심리적/신체적 비용-Cost을 교환한다. 일이 몰리고 성과에 대한 압박이 심할 때, 먹고 살려고 빡세게 몸과 마음을 갈아 넣는 것이다. 문제는 적절한 직무자원 없이 이러한 교환이 계속될수록 에너지 짜내는 프로세스를 탈 가능성이 크고 종국에는 구성원들의 번아웃과 건강과 관련한 심각한 문제를 야기할 수 있다. 이와 반대로 동기부여 프로세스에서는 만약 내게 충분한 직무자원이 있을 때 그래서 이 자원들을 이용해서 직무요구를 맞추기 위해서 소모하는 추가적인 심리적/신체적 비용만큼의 자원을 보존해 나갈 수 있어야 인게이지먼트와 성과를 만들어낼 수 있다고 주장한다. 그것은 결국 성과를 위해 어떤 직무요구를 무작정 밀어붙이기만 하면 안 된다는 것이다. 조직은 당신을 고용했고 너는 어차피 내 말을 따라야 한다고 생각한다면 그것은 번아웃이 만연한 해로운 조직이며, 결국 적절한 지원책 없이 사람들이 의지만으로 인게이지먼트 할 수 있다고 믿는 것은 큰 착각이라는 것이다.

사실, 대표적인 인게이지먼트 연구자인 샤우펠리는 번아웃 연구로 일가를 이룬 학자였다. 수년간의 번아웃 연구의 끝에 그는 그렇다면 번아웃 된 사람들을 어떻게 조직에서 행복할 수 있을까를 고민하며 인게이지먼트 연구에 뛰어들었고 나 역시도 인게이지먼트로 가는 길이 번아웃을 예방하고 극복해 나가는 과정이라고 생각한다. 인게이지먼트의 구체적인 심리적 매커니즘에 대해서는 4장 〈JD-R 모델〉에서 좀 더 자세히 다뤄보도록 하겠다.

심리적 상태: 인게이지먼트는 움직이는 거야

사람들은 실증적으로 그렇게 의미가 없다고 해도 널리 쓰이는 MBTI 같은 심리 검사를 통해서 타인을 유형화하고 그 유형을 바탕으로 누군가의 행동을 예측하고 싶어한다. 그리고 예측이 맞았을 때, 마치 잠시나마 창조자의 역할을 경험한 것 같은 희열을 느낀다. 이렇기에 면접에서 관상을 본다든지, 혈액형으로 배우자를 결정하려고 하는 전혀 비합리적인 행위를 반복한다.

개인의 성격과 같은 특징들을 몇 가지로 분류하는 방식은 직관적이고 단순하며, 꽤나 재미있다! 이러한 유형화들이 학술적으로 그 근거가 부족하다고 말하면 짐짓 재미로 한다고 애써 아닌 척들 하고 있지만, 정말 재미로 하는 사람은 별로 없는 듯하다. 이는 이러한 정형화된 유형들이 복잡한 인간관계에서의 미묘한 의사 결정을 위한 그럴듯한 근거를 제시해 주며 고통스러운 우리의 두뇌 노동을 줄여주기 때문이다. 그리고 하루에 두 번은 맞는 고장 난 시계처럼 가끔 맞기도 한다! 하지만 이러한 접근은 한 인간의 특성이 언제나 고정적이라고 믿으며 우리의 일에 대한 태도와 행동이 얼마나 가변적인지에 대한 고민이 들어갈 여지를 지워버린다. 그래서 이러한 접근 방식은 특정 집단에 대한 편견이 될 가능성이 크다.

"비열하고 비겁하고 비도덕적이고 비양심적이고…
도대체 비가 들어간 말 중 좋은 게 하나라도 있나?"
-영화, 〈B형 남자친구〉-

인게이지먼트를 연구하면서 나는 인게이지먼트라는 것이 누군가를 사랑할 때 느끼는 감정과 비슷하다고 매번 느낀다. 소설이나 영화를 보면서 우리는 언제나 변치 않는 영원한 사랑의 전형이 있다고 믿는다. 하지만 그러한 사랑은 어쩌면 픽션 속에서나 가능한 것일지도 혹은 인생 전체를 통해서 우리가 경험하는 사랑에 대한 단 한 장의 스냅샷일지 모른다. 사랑은 항상 움직이고 우리는 그것을 예측할 수 없다. 누군가를 사랑하는 감정은 처음에는 가만히 있어도 실실 웃음이 나올 것 같은 때도 있지만, 어느 순간에 롤러코스터를 타면서 위아래로 회전을 하며 곡예비행을 하기도 하고, 그 화염이 너무 뜨거워 데일 수도 있으며, 다 태우고 난 후의 온기로 따뜻함을 느낄 때도 있다.

인게이지먼트도 마찬가지로, 내가 간절히 원했던 일을 하게 되었을 때면 열정이 뿜어져 나오며 미친 듯 달릴 때도 있지만, 만약 중간에 일이 잘 진행되지 않거나 좋은 평가를 받지 못했을 때는 내가 뭐하러 이런 일을 시작했나 후회가 들 수도 있다. 하루 중에도 아침에는 에너지가 뚝 떨어져서 힘이 나지 않다가, 점심 먹고 더 노곤해져서 그냥 퇴근 시간만 바라볼 때도 있고, 퇴근을 한두 시간 앞두고 갑자기 힘이 불끈 솟을 때도 있다.

이처럼 우리가 인게이지먼트는 장기적으로 봤을 때도 단기적으로 봤을 때도 매번 움직인다. 우리의 하루는, 한 주는, 그리고 한 달은 같지 않다.[27] 이는 인게이지먼트에 있어서 시간이라는 개념이 정적이고 단선적인 접근이라기 보다는 동적이고 비선형으로 변한다는 것이다. 이러한 인게이지먼트의 특성을 개인 내 변동성Within-person variability이라고 한다.

그것은 인게이지먼트는 고정되어 있고 개인의 특정 성격이나 기질에 의해 예측된다기보다는 그때그때의 아무 이유 없이 느껴지는 감정의 상태나 우연히 만나는 어떤 사건에 의해서 쉽게 영향을 받는 심리적 상태Psychological state라는 것이다. 물론 여기서 말하는 상태라는 것은 극도로 변화무쌍하게 변화하여 전혀 예측이 불가하다거나, 아무 패턴 없이 나타난다는 것을 말하는 건 아니다. 밀물과 썰물이 오가고, 때로 잔잔하고, 때때로 폭풍우가 일어나 성나게 치더라도 파도가 방파제를 넘을 수 없듯이 우리가 느끼는 인게이지먼트는 그 격렬한 움직임 속에서도 크게 보았을 때는 어떤 일정한 범위 안에서 머물러 있다는 것이다.

궁극적으로 이러한 심리적 상태로의 인게이지먼트는 실천의 관점에서 두 가지 의미를 말하고 있다. 하나는 인게이지먼트는 주어지는

---

27 Sonnentag et al. (2010)

것이 아니라는 것이다. 단순히 내가 느끼는 인게이지먼트가 부모님에게서 물려받은 성격이나 성장과 사회화의 과정을 거치면서 내 몸과 마음에 인이 박여 버린 운명 같은 것이 아니라, 나의 주체적인 선택과 행동을 통해서 만들어 갈 수 있고 통제할 수 있는 상태라는 것이다. 이를 위해 내가 가지고 있는 주변의 자원을 최대한 활용하여 인게이지먼트를 꾀할 수 있는 것은 꾀하고, 피할 수 있는 것은 피할 수 있는 적극적인 인간의 모습을 지향한다.

또한 심리적 상태에 관한 관심은 인게이지먼트를 느낄 수 있도록 하는 다양한 조건들에 대해서 관심을 갖게 해 주었다. 인게인지먼트는 단순히 우리가 목표를 설정해서 성취를 이루고 또 그에 따른 합당한 보상을 해 주기 위해 큰 틀에서 하나의 조직과 시스템을 설계하는 거시적Macro 접근뿐만 아니라, 하루에도 몇 번씩 나눌 수 있는 작은 칭찬, 지지, 한담Small talk과 같은 작은 행동 하나하나에 의해 인게이지먼트가 영향을 받을 수 있다는 미시적Micro 접근에도 관심을 가져야 한다는 것이다. 예를 들어 조직 구성원의 인게이지먼트를 위해서는 거시적으로 이와 관련한 인사 제도나 시스템을 고치는 것뿐만 아니라 인간적인 면에서 구성원들의 감정을 세세하게 배려해 주는 조직의 문화가 필요하다는 것이다.

이러한 심리적 상태로서의 인게이지먼트에 대한 개념 그리고 미시적 접근은 우리가 인게이지먼트에 대해 더 많은 것을 알게 해 주었다. 예를 들어, 소넨텍(2013)은 공공 기관 근로자들을 대상으로 한 연구에서 퇴근 이후부터 다음 날 출근 때까지의 회복 능력이 인게이지먼트에 영향을 준다는 것을 발견했다. 즉, 어제 받은 스트레스로부터 아침에 충분히 회복된 근로자들의 하루 동안의 인게이지먼트가 그렇지 못한 근로자들보다 높다는 것을 밝혀낸 것이다.

이러한 연구 결과는 더 높은 수준의 인게이지먼트가 단순히 성격 같은 정해진 요인들에 의해서 결정된 것이라기보다는 그때그때 적절히 관리되어야 한다는 것을 알려준다. 업무 시간 이후에 개인이 빠른 회복을 할 수 있는 적절한 휴식 시간을 보장해야하고, 적절한 휴식 이후에 다시금 인게이지먼트를 높이기 위한 도전적인 과제나, 사기를 증진할 수 있는 조처가 필요하다는 것이다.

바쁘고 고단한 우리네 삶 속에서 우리에게는 회복이 필요하다. 만약 이러한 과정이 없다면, 그래서 질주하는 인게이지먼트가 심리적 상태가 아닌 성격이 되어버릴 때 인게이지먼트는 워커홀리즘으로의 그 선을 넘어 버린다.

인게이지먼트는
주어지는 것이 아니라는 것이다.
단순히 내가 느끼는 인게이지먼트가
부모님에게서 물려받은 성격이나
성장과 사회화의 과정을 거치면서
내 몸과 마음에 인이 박여 버린
운명 같은 것이 아니라,
나의 주체적인 선택과 행동을 통해서
만들어 갈 수 있고 통제할 수 있는
상태라는 것이다.

워커홀릭:
Too much love will kill you

나는 집으로부터 멀리 떨어져 있지

I'm far away from home

그리고 나는 이 홀로 있음을 너무 오랫동안 감당해 왔어.

And I've been facing this alone for much too long

오, 아무도 내게 진실을 말해주지 않다고 느껴.

Oh, I feel like no-one ever told the truth to me

지나친 사랑은 당신을 죽일 거에요

Too much love will kill you

만약 당신이 마음을 다잡지 않는다면

If you can't make up your mind

-퀸-

불멸의 밴드 퀸의 명곡 〈Too much love will kill you〉의 가사를 음

미하다 보면 이것은 당연히 절절한 사랑에 대한 독백이지만, 인게이지먼트의 관점에서 보면 일에 빠져서 개인의 삶을 내팽개친 워커홀릭의 절규처럼 읽힐 수도 있다. 오츠(1971)의 정의에 따르면, 워커홀릭은 일에 중독되어 개인의 건강, 행복, 대인관계, 사회적인 역할에 위기에 빠진 사람들인데, 워커홀릭에게는 (1) 과도하고Working excessively (2) 강박적으로Working compulsively 일하는 대표적인 특징이 있다. 다음은 워커홀릭을 측정할 수 있는 문항들이다.[28]

	과도하게 일하기	강박적으로 일하기
1	나는 바쁘게 시간을 다투면서 사는 것 같다.	내가 하는 일을 즐기지 못할 때에도 열심히 일하는 것이 내게는 중요하다.
2	나는 동료들이 일을 마치고 난 후에도 계속 일을 하고 있는 나를 발견한다.	나는 내 안에 나를 열심히 일하도록 충동질하는 무언가를 느끼고는 한다.
3	나는 바쁘게 계속 처리해야 할 일이 많다.	나는 심지어 일을 즐기지 못할 때에도 열심히 일해야 한다는 의무감을 느낀다.
4	나는 친구들을 만나고, 취미생활 하거나, 레저 생활을 즐기는 것 보다 일하는 데 더 많은 시간을 쓴다,	나는 일하지 않을 때 죄책감을 느낀다.
5	나는 전화 통화를 하면서 점심을 먹거나 메모를 쓰는 것처럼 동시에 두세 개 일을 동시에 하는 나를 발견한다.	나는 일을 하지 않을 때 쉬는 것이 어렵다.

과도하게 일하는 것은 조직에서 요구하는 것 이상의 시간과 노력을 들이면서 이를 줄이거나 통제할 수 없으며 심한 경우 사회관계나 건강에 문제가 생겨도 일을 줄이지 않는 혹은 줄이지 못하는 것을 의미한다. 강박적으로 일하는 것은 지속적으로 그리고 빈번하게 일에

---

28 Schaufeli et al. (2009), 저자역.

대해서 생각하고, 일하지 않는 순간에도 일에서 벗어나지 못하고 때로 불쾌한 분리 불안을 느끼는 상태를 말한다. 워커홀릭은 좀처럼 자신이 하는 일에서 스스로 빠져나오지 못하고 스스로를 파괴한다.

영화 〈굿모닝 에브리원〉에서 꿈을 좇는 젊은 PD 레이첼 맥아담스에게 한때 유명 앵커였지만 이제는 인기가 시들어진 해리슨 포드가 다음과 같이 조언을 한다.

"나는 손자가 있어. 내가 (뉴스 앵커에서) 잘리고 나서는 그 아이를 만난 적이 없지. 나는 부끄러웠거든… 실은 나는 아버지로서는 완전히 실패였어. 내가 잘리기 훨씬 전부터. 난 집에 간 적이 거의 없지, 집에 가도 전화랑 TV만 보면서 지냈어.

내가 왜 이런 이야기를 너한테 하는지 아나? 너는 나보다 더 심해. 너 아마 사무실에서 잘 수만 있다면 잘 사람이야. 그런데 결국 어떻게 되는지 알아?

아무것도 남지 않아. 아무것도. 내가 그랬어."

클락과 동료들(2016)의 메타 연구를 보면 나이, 학력, 성별, 결혼 여부, 자녀 수와 같은 인구 통계적인 요인보다는 완벽주의, 좀처럼 타인에게 업무를 위임하지 못하거나 안 하는 업무 성향, 그리고 공격적이고 성취 지향적인 유형의 성격이 워커홀릭과 더욱 밀접한 관련이 있는 것으로 보고되었다. 이러한 개인의 독특한 성격적 특성에 기인한 측면이 강한 워커홀릭 타입은 오랜 기간에 걸쳐 어떠한 외부 요인에도 불구하고 굉장히 일정한 수준의 중독성을 보여준다.

또한, 환경적 요인으로 워커홀릭이 되는 경우도 고려해 볼 수 있다.[29] 경기가 좋지 않을 때는 직업 안정성을 높이기 위해서 과도하게 업무를 맡거나, 하나의 소득으로 살기가 어려워 투잡을 뛰어야만 할 때 워커홀릭이 될 수도 있다. 워커홀릭 상사나 동료를 만나거나 조직 내에서 팀장 이상의 중책 혹은 임원이 되는 것도 워커홀릭이 되는 지름길이며, 게임 산업처럼 납기일에 맞추어 혹독한 장시간 근무를 해야 하는 크런치 타임Crunch time이 있는 산업에서도 워커홀릭이 구조적으로 만들어진다.

김세훈(2019)은 정서의 대립과정 이론Opponent-Process theory을 기반으로 워커홀릭이 장기간에 걸친 반복적인 습관에 의해서 만들어지는 과정을 설명했다. 이는 일에 집중해서 일하는 초기에는 긍정적인 감정이 들다가도, 일에 대한 노력과 투자를 통해 얻을 수 있는 성취감이 반복되고 익숙해질수록 느낄 수 있는 쾌감이 무뎌지게 되면서 공허함을 느끼거나 혹은 더 큰 쾌락을 갈구하게 된다는 것이다. 이러한 쾌락에 대한 갈구가 계속될수록, 종국에는 불안감과 두려움이 엄습하고 두렵고, 충동적이고, 자기 조절이 불가능한 상태로 일에 더욱더 중독되는 것이다. 이 설명에서 초기의 긍정적인 감정이 인게이지먼트와 관련이 있는 것으로 보이는데, 사실 인게이지먼트와 워커홀리즘은 아주 그 경계가 모호하다. 그것이 둘을 지킬 박사와 하이드의 관계라고 보는 이유이다. 그렇다면 인게이지먼트가 높은 사람은 언제 선을 넘어 워커홀릭이 되는 것일까?

---

29 Snir & Harpaz (2012)

타리스와 동료들은(2010) 워커홀릭의 여러 유형을 소개하였다. 다양한 분류에서 보여지는 워커홀릭의 특성에서 인게이지먼트와 워커홀리즘이 유사한 특징을 가지고 있으면서도 인게이지먼트와 워커홀리즘을 가르는 그 경계에는 앞서 언급한 강박Compulsion이 존재함을 알수 있다.

1) 강박에 의존하는 워커홀릭Compulsive-dependent workaholic: 필요 이상으로 길고 과도하게 일하면서 이를 줄이거나 통제할 수 없으며, 사회관계 그리고 건강상의 문제에도 계속 일하며, 일에서 벗어났을 때 불쾌한 분리 불안을 느낌.

2) 완벽주의자 워커홀릭Perfectionist workaholic: 통제에 대한 강한 요구, 확고부동, 강직함, 세부사항, 규칙, 요구 사항에 대한 집착.

3) 성취 지향 워커홀릭Achievement-oriented workaholics: 어려운 일을 성취하는 것에 대한 동경, 높은 기준을 유지하고 멀리 떨어져 있는 목표를 향해 기꺼이 일함. 경쟁에 긍정적으로 응답, 탁월함을 달성하기 위해 기꺼이 앞서서 노력함.

4) 열정적이지 않은 워커홀릭Non-enthusiastic workaholic: 높은 헌신과 충동, 그리고 낮은 기쁨

5) 열정적인 워커홀릭Enthusiastic workaholic: 높은 헌신, 충동, 그리고 기쁨

6) 일 열정가Work enthusiast: 높은 헌신과 기쁨, 그러나 충동과 노력부족

7) 마지못한 하드워커Reluctant hard worker: 일하고 싶지 않지만 외부의

압력으로 장기간 열심히 일하는 상대적으로 직급이 낮은 하드 워커. 높은 헌신 낮은 충동과 기쁨. 내적인 압력에 의한 대개의 워커홀릭들과는 달리 외부 압력에 의한 워커홀릭.[30]

　처음 미국에 올 때 내게는 어떤 환상 같은 것이 있었다. 출근길에 간단히 커피와 베이글로 아침을 해결하고, 점심에는 사무실에서 샌드위치를 먹으며 팀원들과 회의하고, 퇴근하고 집에 와서 뒷마당 그릴에 고기를 구워 먹으며 가족들과 단란하게 시간을 보내는 그리고 주말이면 낚시와 캠핑을 떠나는 미드나 영화에서 보아 왔던 미국에서의 삶에 대한 동경 같은 것이었다. 실제로 그러한 삶이 존재하기는 한다. 한국과 비교해서 확실히 절대적인 양을 기준으로 했을 때 일의 양이 적은 편이다. 공식 업무 이외에 참여해야 하는 회식이나 야유회 같은 비공식적인 활동도 거의 없다. 그리고 그러한 비공식적인 활동이 없어도 일이 무탈하게 돌아간다. 나는 지도 교수님을 정말 존경하고 자주 만나서 연구에 관해서 이야기하며 멋진 시간을 보냈지만, 지금까지 지난 십여 년 동안 커피 한 잔 따로 해 본 적이 없다.

　하지만 이곳에도 성공을 꿈꾸고 야망이 있는 사람들은 여지없이 워커홀릭에 가깝게 일하고 다양한 비공식적인 활동에 참여한다. 주 40시간 정해진 시간을 똑같이 일하며 다른 사람들과 차별화된 성과를 낼 수 있는 건, 내가 운 좋게도 어떤 특출난 재능을 타고나야만 가능한 굉장히 드문 케이스에 속한다. 하지만 그러한 특출난 재능을 가진 사

---

30 Buelens & Poelmans (2004)

람이라도 그 재능을 꽃피우고 유지하기 위해서는 처음에는 하찮은 일부터 시작해서 엄청난 노력을 통해 꾸준히 재능을 증명해 온 사람들일 가능성이 높다. 어디서든 사람 사는 것은 비슷한 측면이 있다.

대학원에서 워커홀릭을 가르치며 지금까지 300명 가까운 학생들에게 워커홀릭에 대한 에세이를 과제로 내고 있다. 과제는 당신 혹은 주변에 워커홀릭이 있다면 인터뷰를 해서 어떻게 워커홀릭이 되었고 그들의 특징은 무엇인지를 정리하는 것이었다. 나는 이 과제를 채점하면서 한국에서 내가 만나왔던 워커홀릭과 미국에서의 워커홀릭의 두드러진 차이가 있다는 것을 느끼고는 한다. 그렇다면 한국과 미국에서의 워커홀릭의 특징을 가르는 요인은 무엇일까?

그것은 바로 자율성이다.

미국 학생들의 인터뷰에서 주로 나오는 이야기는 워커홀릭을 스스로 선택한 경우가 대부분이라는 것이다. 나의 경력에서의 성공 때문에, 내가 하는 일의 가치를 인정받고 싶어서, 경제적으로 어려운 상황을 타개하고 싶어서 등등의 이유로 나의 자유의지에 의해서 워커홀릭이 된다는 것이다. 그렇기에 워커홀릭이 되어서 사회적인 관계와 건강이 나빠져도 혹은 반대로 엄청난 성공을 거두어도 그것은 개인에게 그 성패가 귀속되고 그것이 미국식 능력주의Meritocracy의 근간이 된다. 그리고 자발적으로 선택했기 때문에 문제가 생기면 스스로 워커홀릭에서 벗어나기 위한 조치를 취할 수가 있다. 예를 들어, 미국의 여러 회사들은 정신건강Mental health과 관련한 상담 서비스를 제공하거나 혹은 최근 유행하고 있는 마음챙김Mindfulness 같은 프로그램에 참여할 수 있는 제도를 운영하고 있다. 정 안된다면 이직 시장이 활성화되어 있는 미국의 특성을 십분 활용해 잠시 경력의 날개를 접고 쉬어 갈 수 있는 다른 직장으로 이직을 할 수도 있다.

하지만 한국에서의 워커홀릭이란 물론 스스로 선택한 때도 있을 수 있지만 비자발적으로, 강요 때문에, 암묵적인 외부의 힘에 이끌려 워커홀릭이 되는 경우가 많다고 생각한다. 요즘에야 이직 시장이 많이 활성화되긴 했지만 그래도 다니던 회사를 그만두고 이직을 하는 것은 엄청난 리스크를 감당함을 의미한다. 그리고 이직한다손 쳐도 한국 기업의 동질적인 조직문화 특성상 어디를 가나 상황이 비슷한 경우도 많기 때문에 선뜻 사표를 던지기도 어렵다. 이러한 환경적 특성으로 인해, 마지못한 하드워커가 되는 비자발적 워커홀릭이 많을 가능성을 내포하고 있는 것이다.

워커홀릭의 가장 눈에 띄는 특징은 바로 긴 근무시간이다. 특히, 비자발적인 형태의 워커홀릭은 근무시간에 팀에서 일어나는 팀 수준의 현상으로 이해될 수 있다. 예를 들어, 개인 사업자나 혹은 프리랜서처럼 독립적으로 일하는 사람들의 워커홀릭은 개인 수준에서 설명할 수 있는 여지가 높다. 개인의 성향과 처한 상황에 따라서 자신의 근무시간을 스스로 결정할 수 있기 때문이다. 하지만 팀으로 일하는 조직 구성원의 비자발적인 워커홀릭은 상사와 동료의 근무시간이 구성원에 영향을 미칠 수 있다. 그것은 조직에서 구성원이 자신의 근무시간을 결정하는 것은 사회 학습Social learning의 과정의 하나로 개인이 한 조직에 사회화되는 과정에서 상사와 동료의 기대를 맞추기 위해서 자신의 근무시간을 지속적으로 모니터링하고 심지어 자신에게 주어진 일을 다 마치더라도 자신의 성실성을 이미지 메이킹하기 위해서 더욱더 과도하게 일을 한다는 것이다. 어찌 보면 이러한 사회 학습의 과정은 일견 본인이 스스로 근무시간을 결정한 것 같지만 그 결정에는 자기 자신이 없는 경우가 많다.[31]

이러한 사회 학습의 과정은 개별 국가의 고유한 문화적인 특성에 강한 영향을 받는데, 홉스테드(1980)의 문화 차원Cultural dimensions 이론에서 주요한 두 개의 차원인 권력 거리Power distance와 개인주의Individualism/공동체주의Collectivism의 개념으로 설명될 수 있다. 권력 거리는 한 조직의 구성원이 권력의 불평등한 배분을 심리적으로 수용하는 정도를 의미한다. 권력 거리가 높은 문화에서는 가부장적인 문화와 수직적인 의사결정이 주를 이루며, 구성원은 상사의 의견에 크게 의존하는 경우가 많다. 이러한 업무에 대한 의존은 개인의 자율성을 크게 위축시키고 결국 상사나 동료의 워커홀리즘이 위에서 아래로 또 옆으로 일방적으로 흐르게 하여 워커홀릭의 사회화 과정을 가속화시킬 수 있다. 또한, 개인주의/공동체주의는 개인의 행동 기준이 개인에게 있느냐 아니면 개인이 속한 공동체에 있느냐에 대한 기준을 말한다. 나에게 주어진 일을 마쳤더라도 조직이 일을 마치지 못하면 집에 갈 수 없거나 내게 주어진 이상으로 조직을 위해 헌신을 바라는 공동체주의 문화 역시 워커홀릭을 양산할 수 있다. 높은 권력 거리 그리고 공동체주의가 강력하게 결합한 한국의 조직 문화는 비자발적인 워커홀릭을 양산하는 데 최적의 토양일 수 있다.

이렇게 강요되고 오랜 기간 학습된 비자발적인 워커홀릭의 무서운

---

[31] Kim et al. (2022)

점은 비단 개인의 육체적 심리적 건강에 심각한 부정적인 영향을 미칠 뿐만 아니라 종국에는 과로사라고 하는 비극에 이를 수 있다는 것이다. 서구 문헌에서는 워커홀릭과 장기간의 근무시간이 스트레스, 피로, 그리고 육체적인 건강에 좋지 않다는 연구들이 많다.[32] 하지만 이를 넘어서는 과로사는 단순히 부정적인 영향의 수준을 넘어서 죽음에 이를 수 있다는 것인데 서구 문헌에서는 이러한 현상과 관련해서 통용되는 학술 용어가 존재하지 않는다. 대신 죽음에 이르는 과도한 업무를 표현하기 위해서 한국어로 과로사Gwarosa 또는 일본어로 Karoshi를 인용한다. 한국과 일본 두 국가 모두 단시간 내에 엄청난 경제 성장을 경험했고 동시에 높은 권력 거리와 공동체주의의 국가 문화를 기반으로 한 이 두 나라에서 용어가 널리 쓰이고 있는 것을 주목해 볼 필요가 있다.

나는 과로사와 같은 병리 현상이 한국 사회의 '좋은' 워커홀리즘에 대한 오래된 환상에 기댄 것으로 생각한다. 성공을 위해서, 그리고 문제가 생기면 사람을 갈아 넣어서 우리는 성장해왔던 것은 아니었을까? 소위 4차 산업 혁명이라는 그리고 코로나로 인해 우리 사회의 많은 근간이 뒤바뀌고 있는 지금, 좋은 워커홀리즘을 통한 성공에 대한 향수는 아직도 유효한 것인가? 더 이상 그릇된 좋은 워커홀리즘의 환상이 우리의 구성원들을 그리고 이 사회를 죽이기 전에 이제는 멈춰야 한다. 프레디 형님 말처럼 너무 깊은 사랑은 당신을 죽일 수 있기 때문이다.

---

32 Clark et al. (2016)

더 이상 그릇된

좋은 워커홀리즘의 환상이

우리의 구성원들을

그리고

이 사회를 죽이기 전에

이제는 멈춰야 한다.

긍정심리자본:
우리 모두가 HERO

자본의 관점에서 바라보는 긍정성과 행복

내가 공부했던 펜실베니아 주립 대학 내 켈러 빌딩에는 학습과 성과의 시스템을 연구하는 학자들의 연구실이 있었다. 켈러 빌딩 4층에 있는 패스모어 교수님 방에 들어가려면 옆방에 계신 동료 교수님의 방을 항상 지나쳐야 했는데, 그 방문에는 인상 깊은 삽화가 붙여져 있었다.

> *I am a human being, not a human capital(resource)!*
> *(나는 인간이지 인적자본이 아니에요!)*

재미있게도 사무실 벽을 공유하던 사이였던 두 분 교수님은 한 분은 인간의 학습에 대해 인본주의적인Humanistic 접근을 하시는 성인 교육학자였고, 나의 지도 교수님은 인적자본Human capital의 효과성을 규명하려는 노동 경제학자였다.

어느 날 그 삽화에 대해서 이야기하다가, 아직도 잊히지 않았던 벼락같은 깨달음을 경험하게 된 지도 교수님과의 짧은 대화에서 나는 이렇게 물었다.

"교수님, 인적자본이라는 것은 도대체 무엇인가요?"
"그것은 생산성Productivity에 대한 것이라네"

사회과학을 공부하는 사람이라면 누구나 이 문제적 단어인 'Capital'과 맞닥뜨리게 된다. 왜 학자들은 인간을 인간이라고 부르지 않고 인적자본이라고 부르는 것일까? 그들은 인정사정 볼 것 없는 총자본의 주구[33]이자 민중의 고혈을 짜내는 자본주의의 흡혈귀들인가?

사회과학에서는 인간 사회에서 일어나는 특정 현상을 설명하고 연구하기 위해서 자본이라는 단어를 사용해서 명명하고 개념화한다. 인적자본Human capital, 사회자본Social capital, 지적자본Intellectual capital처럼 많은 학자들이 사회의 어떤 두드러진 특징을 자본으로 정의해 왔다. 그건 왜일까? 그것은 생산성의 관점에서 특정 현상을 실증적으로 연구해 보겠다는 것을 의미한다.

예를 들어서, 1960년대 미국의 경제학자들은 전후 미국의 눈부신 경제 성장을 가능하게 했던 이유에 관해서 연구하기 시작했다. 당시만 해도 자본의 규모, 노동력, 토지 같은 물적자본Physical capital이 경

---

[33] 남의 사주를 받고 끄나풀 노릇을 하는 사람(표준대국어사전)

제 성장을 설명할 수 있는 주요한 변수들이었다. 하지만 전후의 미국의 경제 성장은 이와 같은 전통적인 변수들로는 설명이 잘되지 않았다. 그러던 차, 학력Education을 연구 모델에 포함해서 분석을 시작하면서 훨씬 더 나은 결과를 도출해 낸다. 즉, 유치원에서 고등학교까지의 공립 교육K-12과 초급 대학 이상의 고등 교육Higher education이 팽창하면서 인재들이 많이 늘어났고, 이러한 우수한 인재들을 적재적소에 배치해 경제 성장이 가능했다는 것이다. 이 이후에 학력 이외에도, 지식, 기술, 건강 등과 같은 다양한 변수들이 인적자본의 구성 요소로 규명되었고, 기존의 물적자본에 대비되는 개념으로 인적자본Human capital의 개념이 고안된 것이다.[34] 그리고 이러한 개념 정립 그리고 이를 기반으로 한 후속 연구들은 우리 사회와 조직들이 왜 구성원들에 대한 교육훈련에 투자해야 하는지를 정당화하는 근거로 사용되게 된다. 즉, 국가와 조직이 '교육훈련에 투자하면 인적자본의 생산성이 높아져서 더 높은 경제적 이득을 얻을 수 있다'는 이 간단한 인과 관계가 오늘날 지식경제Knowledge economy를 이룩할 수 있었던 근거가 된 것이다.

여기서 꼭 짚고 넘어가고 싶은 것은 인적자본을 기반으로 한 생산성의 관점에서 사회 현상을 연구하는 사람들이 인간을 착취하기 위해서 자본의 개념을 쓰는 것이 아니라는 것이다. 그들이 진정으로 연구하고 싶은 것은 생산성의 관점에서 어떤 특정한 결과를 얻기 위해서 우리가 투자하는 투입물Input이 어떠한 과정Process을 거쳐서 의도했

---

34 Becker (1993)

던 산출물^{Output}을 낼 수 있는지를 실증적인 정량 분석을 통해 규명하겠다는 의지를 표명한 것이다.

아이 엄마 아빠, 저는 저 별에 가고 싶어요!

엄마 그래 아가, 우리 함께 갈 수 있는 별들을 세어볼까? 저기 저 별은 사랑별, 저기 저 별은 기쁨 별….

아빠 별에 가기 위해서는 일단 국가에서 과학 기술에 투자를 많이 해야 해. 과감히 관련 인재를 키우는 시스템이 필요한 거지. 수학하고 과학을 좀 더 흥미롭게 가르치는 것도 필요하고….

아이와 엄마 What the….

하늘을 바라보며 별의 아름다움에 관해서 이야기하는 사람도 있지만, 누군가는 저 별에 어떻게 갈 수 있는지를 고민하는 사람들도 있는 것이다. 그리고 양자의 최종 목적은 각자 자신의 방식으로 별을 사랑하는 것이다.

하늘을 바라보며
별의 아름다움에 관해서
이야기하는 사람도 있지만,
누군가는 저 별에
어떻게 갈 수 있는지를
고민하는 사람들도 있는 것이다.

그리고 양자의 최종 목적은
각자 자신의 방식으로
별을 사랑하는 것이다.

긍정심리자본이란?

이번 장에서 이야기하려고 하는 긍정심리자본 역시 긍정성과 행복이라는 키워드와는 다소 어울리지 않을 것 같은 인간의 특정한 심리 상태를 '자본'이라는 단어를 사용하여 명명되었다. 긍정심리자본의 창시자인 프레드 루덴스 네브래스카 대학교 석좌 교수는 긍정성의 효과를 과학적인 인과 관계로 증명해내기 위해서는 엄밀한 이론적 토대와 함께 과학적 측정 그리고 분석이 필요하며, 이러한 연구를 통해 실생활에서 적절한 솔루션이 제시되어야 한다고 주장한다.[35]

궁극적으로 이러한 실증적인 연구들을 통해, 자본 그리고 생산성의 관점에서 우리가 몸담은 우리 사회와 조직에 호소할 수 있다고 믿는다. 긍정심리자본에 투자하라고. 즉, 긍정심리자본이 부족한 이들에게 적절한 교육훈련을 제공하고, 사회제도적인 그리고 시스템적인

---

[35] Luthans et al. (2007)

미비점을 보완해서 이를 저해하는 요소들을 완화해주고, 이를 촉진할 방법들을 고안하라는 명령으로, 그것은 바로 긍정심리자본 연구가 행복이라는 별로 가는 길을 만들어 나가는 것을 지향하고 있음을 말해주는 것이다.

그게 실제로 가능한 이야기인가요?

나는 이것이 가능하다고 생각한다. 예를 들어, 어떤 기업에 주식 투자를 한다고 한번 생각해 보자. 투자의 정석대로 장기적으로 우량주에 투자해서 견고한 수입을 얻는 것이 목표이며, A와 B라는 두 회사에 투자를 염두해 보고 본격적으로 두 기업에 대해서 리서치를 시작한다. 무엇을 봐야 할까? 기업정보서비스 사이트에 회원 가입을 하고 관련 리포트를 받아볼 수 있을 것이다. 거기에는 회사와 관련된 각종 물적자본에 대한 다양하고 방대한 정보들을 찾아볼 수 있다. 기업의 재무상태, 주력 시장 정보, 핵심 기술과 관련 동향 등 기업의 미래 가치를 예측할 수 있는 다양한 요인들이 나열되어 있고, 여러 방식의 취재와 과학적 분석을 통해 논리적으로 그 타당성을 정당화하고 있다. 하지만, 그렇게 추천된 회사들의 5년 후, 10년 후 성과를 보면…. 이런 게 다 무슨 의미가 있나 싶을 때가 있을 것이다.

글래스도어(www.glassdoor.com)는 세계 최대 규모의 직장 정보 사이트이다. 개별 기업의 연봉과 관련한 정보를 제공해 줄 뿐만 아니라 실제로 사이트 내에서 매일같이 수많은 채용이 이루어진다. 회원 가입만 하면 누구나 전/현 직장에 대한 온라인 리뷰를 올릴 수 있고 누적된 리뷰를 분석해서 직원들이 일하기 좋은 위대한 기업Great/Best Places to Work; GWP들을 선정한다. 이는 일반적인 GWP 관련 기업 리스트들이 리서치 회사들을 통해서 별도로 수집된 데이터를 기반으로 만들어진 것과는 다르게 익명을 기반으로 재직자와 퇴직자의 의견이 반영된다는 점에서 사회과학 연구 방법론의 난제인 '사회적 바람직성에 따른 편향'[36] 이슈에서 벗어난다는 장점이 있어서 널리 활용되고 있는 리스트이다.

영국 리즈 대학교의 스타모람프로스와 동료들(2019)은 글래스도어의 데이터를 분석해서 호텔, 레저, 병원 등과 같은 Hospitality환대 업계에서 직원들의 회사에 대한 만족도가 높은 기업들이 더 높은 수준의 재무 성과를 나타내고 있음을 증명하였다. 이는 실질적으로 기업의 성과를 달성하는 데 개개인의 일에 대한 긍정적인 감정이 실제로 직무성과에 영향을 줄 수 있다는 것을 의미하며, 기업들이 이러한 긍정심리자본을 유지하고 향상시키기 위해 적극적인 투자를 해야 함을 주장한다. 최근 보고되고 있는 이러한 온라인 리뷰들에 대한 분석 결과들은 긍정심리자본이 우리가 현재 살고 있는 현시대의 인적자본이 될 수 있음을 의미한다. 어쩌면 기업의 미래 가치를 알아보기 위해 글래스도어를 심도있게 분석하는 것이 필요한 날이 올지도 모른다.

긍정심리자본은 인간의 긍정적인 정서를 HEROHope, Efficacy, Resilience, Optimism라는 프레임으로 설명한다. 긍정심리자본의 이 네 가지 구성 요인들은 인게이지먼트라는 소풍을 즐기기 위해 개인이 꼭

---

36 Social desirability bias: 사람들은 조직에서 직접 걷는 서베이에 솔직히 답변 못하는 경향성이 있다.

준비해야 하는 준비물이다. 이 준비물들은 인게이지먼트가 내게 왔을 때 그것을 잡고 올라탈 수 있는 태도이자 능력으로 의식적인 노력을 통해 스스로 준비할 수 있다고 알려진 가장 중요한 개인자원Personal resources이다. 그러면 HERO 프레임을 통해서 긍정심리자본에 대해서 구체적으로 알아보자.[37]

37 Sweetman & Luthans (2010)

희망Hope

메리엄 웹스터 영어 사전의 사전적 정의로의 Hope는 어떤 일이 일어나기를 원하고 기대하는 것이다. 여기서, 기대하는 바가 일어나길 희망하는 나는 수동적인 존재이며 나는 어쩌면 그다지 큰 노력을 들이지 않고, 잘하면 어떤 좋은 일이 이루어지기를 바라는 자세이다. 이와는 반대로 HERO 모델에서의 Hope는 무언가를 성취할 수 있다는 목표 지향적인 의지Willpower이다. 동시에 그 목표를 이루기 위해서 가야 하는 길과 최종 목적지를 명확히 알고 있는 적극적인 자세를 말한다.[38] 이러한 목표, 의지, 그리고 계획을 세우고 있는 사람들이 인게이지먼트가 높다는 것이다.[39]

영화 〈쇼생크 탈출〉에서 레드모건 프리먼는 앤디팀 로빈스에게 쇼생크 감옥에서는 이곳을 떠날 수 있다는 희망을 품으면 안 된다고 이야기

---

38 Snyder et al. (1991)
39 Karatepe (2014)

한다. 레드는 십 년 마다 한 번 있는 가석방 심사에서 자신이 교화되었다고 간절히 호소하지만 번번이 거부되었기 때문이다. 비록 그는 사회로 다시 돌아가고자 하는 목표와 의지가 있지만 그 희망을 현실화할 수 있는 어떤 방법도 알지 못한다.

레드: 희망은 위험한 거야, 희망은 사람을 미치게 하지. 이 안에서 아무 쓸모도 없는 것이 희망이야. 그 사실을 일찍 받아들이는 것이 좋아.

하지만 앤디는 이야기한다.

앤디: 기억해요 레드. 희망은 좋은 거예요. 아마도 최고의 것이지요. 그리고 좋은 것은 절대 사라지지 않아요.

모건 프리맨과 팀 로빈스의 희망은 바로 사전적 정의와 HERO 모델에서의 희망의 차이를 말한다. 모건 프리맨에게 감옥을 벗어나 사회로 나가는 것은 누군가에 의해 주어지는 수동적이었기에 삶에 있어서 희망을 품는다는 것은 오히려 나 자신을 옥죄는 희망고문이 된다. 하지만 팀 로빈스의 희망은 이십여 년 동안 땅굴을 파고 교도소장의 계좌에 비자금을 차근차근 채워 넣음으로써 더 나은 삶으로 가려는 적극적인 의지에서 비롯된 것이기에 긍정심리자본에서의 희망이 되었다.

또 하나, 팀 로빈스의 이십여 년에 걸친 희망은 장기적이었다. 우리는 우리가 갖기 어려운 것 그리고 금지된 것을 희망한다. 그렇기에 지금 당장 그 희망을 통해 내가 원하는 것을 얻기란 여간 어려운 일이 아니다. 그리고 그 희망을 위해 나아가는 길에는 분명 그 길을 가로막는 장애물을 만나게 되고, 그 장애물은 우리의 희망을 사그라들게 만들기 때문이다. 그렇기에 희망은 목표 달성하는 저해시키는 어떤 도전적인 어려움들에 맞닥뜨렸을 때, 기꺼이 가야 하는 여정을 수정하고 다시 도전할 수 있는 '경로력Waypower'에 주목하며 긍정심리자본에 대한 설문은 이렇게 묻는다.[40]

"내가 일하다 곤경에 처했을 때, 나는 여기로부터 벗어날 방법들을 생각해 낼 수 있다"

루덴스는 희망을 위해 최대한 장애물을 예측하려고 하고, 혹여 장애물을 만났을 때 이를 극복해낼 수 있는 여러 방법들을 찾아내어 이를 시각화하는 게 중요하다고 강조한다. 먼 길을 가다 길을 잃었을 때는 지도를 펼쳐서 좌표를 찾고 조금씩이나마 가야 할 길을 가야지 긍정적인 심리상태를 가질 수 있는 것이지, 어려움에 압도되어 아무것도 하지 않은 채 타조처럼 땅에 머리를 박고 희망을 외쳐봐야 달라지는 것은 없다는 것이다.

2012년 3월 4일, 나는 6년을 근무했던 조직을 떠났다. 사무실을 나설 때, 서쪽 하늘 멀리 곱게 노을이 지던 회사 정문의 광경이 아직도

---

40 Luthans et al. (2007)

생각이 난다. 하지만 그 아름다운 하늘은 인생을 건 유학이라는 때로 전혀 아름답지 않았던 도박의 시작이었다. 너무 많은 사람들의 희생이 필요했고 막대한 비용이 들었다. 그랬기에 오랜 시간 동안 치밀하게 유학을 준비했다. 하지만 비행기를 타고 대학 도시에 떨어진 첫날부터 계획은 그야말로 계획일 뿐 뜻대로 되는 것이 하나 없었다. 두껍지도 않았던 지갑은 점점 끝을 향해 가고 있었다. 무서웠다. 길을 잃을 때마다 괜찮다고 스스로 위안으로 삼고는 했다. 아직 괜찮다. 목표를 위해 잘 가고 있다. 좀 있으면 좋아질 거라 주문을 외웠다. 하지만 아는 사람 하나 없는 외국의 한 도시의 외국인에게 그 어떤 것도 절대로 그냥 어떻게 되지는 않았고 괜찮아질 거라는 자기 위안의 약발은 그리 오래가지 않았다. 그보다는 학위가 끝났을 때 직업을 갖는데 꼭 필요한 마일즈 스톤들을 어떻게든 하나하나 지나쳐 앞으로 조금이나마 나아가는 것이 더 큰 위안이 되었다. 그렇게 희망은 나를 지켜주었다.

효능감 Efficacy

효능감은 주어진 목표를 성취하는 데 필요한 일들을 조직하고 실행할 수 있는 자기 능력에 대한 믿음을 말한다.[41] 효능감이 조금 낯선 단어라면 엄밀한 학술적인 정의로는 다소 차이가 있긴 하지만 그냥 자존감 혹은 자신감이라고 이해하는 것도 가능하다. 심리적 기제로서의 효능감을 특정하는 동사는 바로 Mobilize^{동원하다}이다. Mobilize의 어원은 Move, 즉 움직인다는 의미인데, 무언가를 성취하기 위해서 자신이 보유한 가용한 자원들인 용기, 인지적인 능력, 그리고 특정한 필요 행동들을 최대한 동원해낼 수 있는 것을 말한다.

요즘은 가히 효능감의 시대이다. 학부 때 그 이름도 낯선 효능감이라는 개념을 처음 배울 때만 해도 굉장히 학술적인 개념이었는데, 근자에 들어서는 쉽게 통용되는 단어가 되었음을 느낀다. 아이를 키우

---

41 Bandura (1997)

다 보면 아이와 비슷한 또래 부모들과 교류할 기회가 많다. 예전에는 똑똑하거나 창의적인 아이들에 대한 관심이 많았던 것 같은데, 요즘에는 단연 효능감 높은 아이들로 키우는 것이 큰 관심사이다.

효능감을 높일 수 있다는 육아와 관련한 대화에 참여하다 보면 때로 서글픔이 느껴지기도 한다. 우리가 하루하루 이겨나가야 하는 세상살이가 얼마나 힘들면 세상사 관심 없이 해맑게만 자라면 될 것 같은 아이들에게 벌써 효능감이 강조되게 된 걸까? 그리고 보니 우리의 삶은 꽤나 고단하긴 한 것 같다. 가야 할 길은 아직 많이 남아 있는데, 해는 지고 높은 산이 눈 앞을 가로막고 있는 것을 느끼는 것은 일상다반사. 입시, 채용, 승진처럼 감당하기 어려운 삶의 이벤트들을 거쳐 끝없이 이어지는 치열한 삶의 도전들을 맞닥뜨리다 보면 때로 멘붕에 빠져서 어떻게 대응해야 할지 모르고 멍하게 있을 때가 있다. 그러한 암담하고 고통스러운 순간에서 나를 찾을 수 있는 능력으로 나는 그렇게 효능감을 이해한다. 내가 좋아하는 방송인 장도연 님은 학창 시절 굉장히 평범하고, 주눅도 많이 들고, 남의 눈치도 많이 보는 사람이라고 이야기한다. 그랬던 장도연 님이 대중 앞에 서는 방송인이라는 일을 하면서 어려운 상황에 설 때마다 이렇게 되뇐다고 한다.

"다 X밥이다."

물론 이러한 자신에게 거는 마법은 그냥 그렇게 되뇐다고만 그렇게 느낄 수 있는 것은 아니다. 이러한 효능감은 크게 숙련을 통한 성공Mastery experience의 경험과 대리 학습Vicarious learning에서 비롯된다고 알려져 있다.

인적자원개발 분야의 연구자인 내가 가장 많이 하는 일은 바로 성공하는 사람들의 특성을 포착하는 것이다. 성공한 사람들의 경험들에는 사실 여러 가지 전략들이 함의되어 있기에 일반화하기가 참 어렵지만, 그중에서 효능감과 관련해서 주목해 봐야 하는 것이 있다. 그건 바로 남다른 사람들의 많은 경우는 경력 초기에 '작은 성공'을 '일찍' 그리고 '자주' 경험해 봤다는 것이다. 아무리 작은 프로젝트라 하더라도 자기 이름을 딸 수 있는 기회를 빠르게 포착해서 용케 살려내고 결국 이를 성취해 냄으로써 경력 초기부터 할 수 있다는 자신감을 가질 수 있었고 그 성공의 와중에서 범했던 실수를 복기하면서 좀 더 성장할 수 있는 더 큰 기회로 갈아타는 것에 능하며 이러한 작은 성공의 경험들이 이어지면서 종국에는 눈덩이처럼 큰 성공을 뭉쳐나간다는 것이다. 이처럼 큰 성공에 이르기 전에 징검다리로 쓸 수 있는, 작지만 빨리 이루어 낼 수 있는 성공의 경험을 영어에서는 스몰윈Small-win이라고 표현한다.[42]

우리가 이루고 싶은 원대한 목표들은 사실 경쟁이 심하다. 사람들은 비슷한 것을 욕망하고 소유하고 싶기 때문이다. 제아무리 희망을 품고 가는 장기 목표를 향해 가는 길은 너무나도 긴 여정이기에 가는 길에 이 길이 맞는지 두려움이 들기도 하고, 힘이 빠져서 오도 가도 못 할 때가 있다. 이럴 때 이정표가 될 수 있는 스몰윈은 우리의 효능감을 높여주고 궁극적으로 인게이지먼트를 유지하는 데 큰 도움이 될 것이다.

---

[42] Weick (1984)

대리 학습 역시 효능감을 위해 중요한 역할을 한다. 본보기가 되는 롤모델을 정하고 그들이 걸어온 길을 카피하고 요구되는 행동과 하지 말아야 하는 행동에 대해 인지함으로써 자신감을 가질 수 있는 것을 말한다. 대리 학습에서 이야기하는 롤 모델링 대상은 사수, 코치, 멘토처럼 나보다 먼저 길을 가보고 나를 이끌어 줄 수 있는 사람들을 말한다. 특히, 나는 경력 초기에 어떤 멘토를 만나서 어떻게 업에 대해서 오리엔테이션을 받느냐에 따라서 그 업을 대하는 자세와 효능감에 큰 영향을 받는다고 생각한다. 이제 막 알에서 깨어난 새끼 거위가 처음 본 대상을 어미로 인식하듯이 모든 것을 새롭게 시작하는 결정적 시기에 각인된 인식들이 그 이후의 효능감에 큰 영향을 미칠 수 있기 때문이다.

그런데 안타깝게도 최근에 들어서는 존경받을 만한 멘토 그리고 키워봄직한 멘티를 만나는 것이 쉽지 않다. 연공서열 제도가 깨지면서 자신이 멘토링을 해주었던 멘티가 어느덧 강력한 경쟁자 또는 상사가 되기도 하고 세대 차이로 인한 인식의 차이로 인해 갈등 관계가 발생하는 것도 흔히 일어날 수 있다. 때로는 기술의 빠른 변화로 인해 조직에 이제 막 진입한 사람들이 멘토가 되어야 하는 역 멘토링Reverse mentoring의 상황도 왕왕 발생한다.

이에 따라, 높은 수준의 신뢰를 바탕으로 상호 간의 학습과 성장을 북돋아 줄 수 있는 동료 코칭Peer coaching의 중요성이 강조되고 있다.[43] 자기와 비슷한 시기에 경력을 시작한 사람들끼리 정보와 심리적인

---

43 Parker et al. (2008)

안전감을 교환하는 것이다.

몇 해 전, 드라마 〈미생〉을 재미나게 시청했었는데, 장그래, 안영이, 장백기, 한석률 이 네 명의 입사 동기들은 서로를 열심히 대리학습 하고 있는 것이 참 인상적이었다. 나는 입사 동기가 동료 코칭을 통해 대리 학습을 할 수 있는 좋은 러닝메이트Running and/or Learning mate라고 생각한다. 서로의 사회생활 초년기를 알기에 심리적으로 친밀도가 높고, 서로 도움을 줄 수 있는 사이이지만 종국에는 경쟁도 해야 되는 관계이다. 그들은 탕비실에서의 짧은 대화를 통해, 혹은 갈등을 겪으면서, 그리고 함께 도전적인 과제를 수행하면서 다른 사람의 경험과 관점을 공유하고 함께 성장해 나간다. 이러한 인지적이고 정의적인 교류는 효능감을 높이는 데 큰 도움이 될 것이다.

남다른 사람들의 많은 경우는
경력 초기에 '작은 성공'을 '일찍'
그리고 '자주' 경험해 봤다는 것이다.

회복 탄력성 Resilience

우리의 삶은 만만치가 않다. 아무리 작은 일이라고 해도 임원 결재 한 번을 맡기 위해서 소쩍새는 그렇게 하염없이 울어야 했다. 매번 까이고 질책받고 그럼에도 성과를 내기 위해 화장실에서 세수하고 눈물 찔끔 훔치고 다시 기획안을 써야했던 날들을 기억한다. 연구자의 길을 택한 이후에도 마찬가지였다. 나는 세계적인 반열에 오른 지도 교수님들은 언제나 쉽게 쉽게 저널에 연구를 게재하는 줄 알았다. 그런데 내 지도 교수님이 리드했던 연구가 엄청난 혹평을 받으며 게재 불가를 받은 적이 있다. 교수님은 아무렇지도 않은 듯, 기법 Let's start over!(이전에 써 놓은 거 다 날리고 처음부터 다시 시작해 보자!)라고 하셨다.

'멘탈이 갑이다', '마음이 단단하다'는 말처럼, 고난으로부터 아무 일 없었다는 듯 튕겨져 되돌아올 수 있는Bounce back 회복 탄력성은 궁극의 긍정심리자본이다. 사실 긍정심리자본이라는 것은 무언가를 이룰 때까지 끊임없이 힘을 잃지 않고 앞을 향해 나가는 지치지 않는 끈기를 말하는 것이 아니다. 실제는 실패하더라도 빨리 일어날 수 있고 자신이 처한 상황과 이 상황을 타개할 수 있는 해결책을 빨리 찾아서 다시 긍정적인 상태로 빠르게 돌아올 수 있는 능력에 가깝다.

앞서 자기 효능감이 성공의 경험으로부터 온다는 점에는 사실 뒷면이 존재한다. 성공의 경험 그 뒤에는 실패의 경험으로 점철되어 있다. 지독히 운이 좋거나 타고난 재능이 압도적인 경우를 제외하고는 실패의 경험 없이 우리는 성공으로 갈 수 없다. 실패하지 않는 가장 좋은 방법은 성공의 기준을 최대한 낮추고 실패하지 않을 만한 일만 하는 것이다. 하지만 이러한 낮은 수준의 성공은 우리에게 학습의 경험을 제공해 주지 않는다는 것이다. 충분히 실패를 맛보고 이러한 실패에서 포기하지 않고 회복할 수 있는 탄력성을 갖지 못한다면, 우리는 성공할 수 없다. 인생이 정말 어려운 것은 바로 우리가 성공과 실패의 위험천만한 외줄에서 곡예를 해야 하기 때문이다.

특히, 경력에서 어떤 기회가 내게 찾아올 때 처음에는 그 기회가 쥐약같이 느껴질 때가 많았다.

"이거 쥐약이다. 먹으면 아마 다 뒈질거야.
근데 XX 나로서는 안 먹을 수가 없네⋯.
그리고 혹시 또 아냐 이 쥐약이 동아줄이 될른지는."
-〈신세계〉, 이중구-

성공의 가능성은 희박하고 실패했을 때는 모든 책임을 뒤집어써야

하지만 그렇기에 이 기회를 잘만 활용한다면 나를 한 단계 높은 곳으로 하드 캐리해 줄 수 있는 기회. 하지만, 이러한 기회는 내가 감당하기 어려운 끝이 없는 어려움의 연속일 가능성이 높다. 그럴 때 허덕이는 내게 누군가 위로의 말을 건네면서 힘을 주고 아주 작을지언정 도움을 받을 수 있다면 그만한 위로가 없다고 느낄 때가 많았다. 그리고 보면 회복 탄력성은 비단 개인적인 수준에서의 긍정심리자본일 뿐 아니라 다른 사람과의 관계 그리고 사회적인 지원을 통해서 얻어질 수 있다. 그리고 이러한 관계를 통한 회복 탄력성은 우리를 더 높은 수준의 인게이지먼트로 데려다줄 것이다.

긍정성 Optimism

긍정성이란 좋은 일이 내게 일어날 것이라는 믿음을 말한다.[44] 인지적인 측면에서의 긍정성은 현재와 미래에 성공할 수 있다는 구체성을 기반으로 한 목적 지향적인 믿음을 말하고 정의적인 측면에서는 어떤 상황을 바라볼 때 긍정적인 측면을 보려는 경향성을 말한다. 긍정성과 앞서 논의한 효능감은 비슷하면서도 다른데, 효능감은 내가 능력이 있기 때문에 성공할 수 있다는 믿음이지만(내게는 성공을 할 수 있는 능력이 있으므로 나는 잘될 것이다), 긍정성은 나의 능력과는 별개로 나는 잘될 수 있다는 믿음이다(내게는 성공을 할 수 있는 능력은 아직 없지만 그래도 나는 잘될 것이다).

한국 학생과 미국 학생을 가르치고 함께 연구하다 보면 종종 큰 차이를 느낄 때가 있다. 물론 항상 그러는 것은 아니지만, 한국 학생은

---

44 Sweetman & Luthans (2010)

정말 훌륭한 자질과 잠재 능력을 갖췄음에도 불구하고 잘못한 것은 내 탓이고 잘한 것은 다른 사람 덕분이라고 수줍게 말하는 경우가 많다. 미국 학생은 잘한 것은 다 자기가 훌륭해서 그렇고 잘못된 것은 교수가 또는 학교가 자기에게 제대로 된 가이드 라인을 주지 않아서라며 당당히 말하는 경향이 있다(굉장히 주관적인 경험에서 기반한 것임을 밝혀 둔다).

이처럼 사람들이 어떤 자신과 다른 사람의 행동과 이와 연관된 사건의 원인을 설명할 때 그 원인을 어디서 찾느냐에 대한 설명을 귀인 이론Attribution theory이라고 한다.[45] 내가 만나 본 많은 미국 학생들은 성공은 자기 능력 때문에, 실패는 외부적이고, 통제할 수 없고, 특정한 상황 때문에 일어난 것으로 생각한다고 느낀 적이 많았다. 또 이러한 성공은 우수한 나의 능력 때문에 일어난 것이기 때문에 미래에도 반복될 가능성이 크다고 믿을 가능성이 농후하다. 반대로 한국 학생들은 실패는 내가 무능해서 그리고 준비를 제대로 안 해서 나 때문에 일어난 일이라고 생각하고, 성공은 어떤 뜻하지 않은 외부 환경의 도움으로 이루어졌다고 생각한다. 외부의 도움으로 성공을 했기 때문에 어쩌면 이러한 성공은 되풀이되지 않을 가능성이 크다고 믿을 여지도 있고 그렇기에 미래에는 실패할지도 모른다는 두려운 마음이 알 수도 있다.

귀인 이론의 이러한 심리적 매커니즘은 사실 긍정론자와 부정론자의 심리적 특성과 정확히 일치한다. 긍정론자는 성공은 내부귀인 실

---

45 Heider (1958)

패는 외부귀인 하고 부정론자는 성공은 외부귀인 실패는 내부귀인하는 패턴을 쉽게 보일 수 있기 때문이다. 그렇다고 한국인이 미국인 보다 부정론자가 많다고 말하는 것은 아니다. 외국에 와서 모국어가 아닌 영어로 공부하는 학생이 사실 처음부터 긍정성을 갖기는 어지간한 멘탈을 가지고 있지 않으면 쉽지 않다. 처음에는 누구나 두려움으로 긍정성을 가지지 못하다가 지속적인 성공의 경험으로 효능감을 쌓아가고 어려움을 극복하는 과정에서 회복 탄력성도 높아지면서 더욱 마음이 단단해지고, 어디로 가야 하는지 어떻게 가야 하는지에 대한 구체성도 높아지면서 희망이 가시화될수록 긍정성은 높아질 수 있다. 그래서 한때 자신 없고 자기 능력과 연구에 대해서 비관적이던 학생들이 당당하고 능력 있는 연구자가 되는 것을 자주 보아왔다. 오히려, 처음에 근거 없는 자신감과 무한 긍정의 에너지로 수업을 떠들썩하게 앞장서던 학생이 점점 녹록지 않은 현실을 비관하다 교수와 학교를 비난하며 사라지기도 한다.

결국 긍정성에 있어서 중요한 점은 마음속 부정적인 감정이 엄습해서 우리의 영혼을 잠식하려고 할 때, 아무 근거도 없이 긍정적인 감정을 유지할 수 있는 것과 함께, 그 근거 없는 긍정성이 모든 현실의 문제들을 다 덮어버리거나 회피하게 만들지 않을 수 있도록 각자의 긍정성과 부정성의 황금 비율을 조제해 보는 것이다. 온 세상이 긍정성으로 넘치는 아름다운 완벽한 세상이란 그 어디에도 존재하지도 않고 절망, 미움, 분노, 불안 등 온갖 부정성으로 가득 찬 자아는 통제될 수 없다. 이와 관련해서 프레데릭슨과 로사다(2005)는 재미있는 연구를 한 적이 있다. 과연 가장 균형 잡힌 긍정성과 부정성의 조합은 무엇일까? 연구팀은 그 조합이 3:1정도의 비율이라고 말한다. 그것은 긍정성은 개인이 '존버'할 수 있는 힘과 에너지를 주고 부정성은 종종 자신을 돌아보고 새로운 기회를 탐색할 수 있는 성찰의 기회를 주기 때문이 아닐까?

이러한 인간 심리의 복잡 다단한 특성을 감정적 양면성Emotional ambivalence라고 한다. 인간이 느끼는 감정에 사실 완전한 행복 혹은 완전한 슬픔이란 것은 사실 극히 드물게 존재하고 오히려 대부분은 인간의 감정이란 긍정성과 부정성이 어느 정도 공존한다는 것이다.[46] 예를 들어, 졸업식에서 기쁨과 아쉬움이 교차하는 감정을 느끼는 것이 이러한 감정적 양면성이 극대화된 순간이라고 보면 될 것 같다. 기쁨은 그 어려운 과정을 완수했다는 자부심에서 올 것이고 아쉬움은 그 과정에서 조금 부족했던 부분에 대한 회한일 것이다. 그리고 이러한 자부심과 아쉬움을 통해 우리는 다음 스테이지에서 더욱 성장할 수 있다.

이와 관련해서 프레데릭슨(2001)은 확장과 수립Broaden and build 이론에서 구성원들이 지금 처하고 있는 환경이 안전하고 만족스러울 때 긍정적인 감정을 느낄 수 있기 때문에 이러한 긍정적인 감정이 구성원들을 좀 더 탐험적이고 창의적으로 만든다고 주장한다. 동시에 혹은 어느 시점에 구성원들이 현재 상황이 위험하고 만족스럽지 못하다고 느낄 때 이 문제를 타개하기 위해서 새로운 정보들을 탐색한다는 것이다. 이렇게 확장된 가용한 자원을 통해 훨씬 높은 차원의 긍정

---

46 Fong (2006)

적인 감정을 수립해 나갈 수 있다고 주장한다.

긍정성과 관련해서 하나 더 주목해서 보아야 할 측면은 긍정성이 전염될 수 있다는 측면이다. 즉, 구성원 한 사람 한 사람의 일에 대한 긍정적인 인식이 팀과 조직의 긍정성을 만들어 간다는 것이다. 이것을 감정의 전염Emotional contagion이라고 부른다.[47] 이러한 감정의 전염은 사람들 간의 언어적인 대화뿐만 아니라 비언어적인 말투, 표정, 목소리 등에 의해서도 전염되는데 사람들은 무의식적으로 상대방의 감정을 모방하면서 특정 감정에 동화된다는 것이다. 예를 들어, 어떤 민감한 사안에 대해서 조직의 리더가 만면의 미소를 띠고 고개를 끄덕이며 비언어적인 신호를 보내면 구성원들도 고개를 끄덕이는 것과 같은 행위를 하면서 팀 전체가 해당 사안에 대해서 긍정적인 자세를 갖는 현상을 말한다. 반대로 내가 어려운 발표를 하는데, 의사 결정자가 얼굴을 찌푸리면서 발표 자료를 읽거나 피곤한 기색을 보이면, 어느새 사람들에게도 이러한 부정적인 감정이 전달되고 하는 나 역시도 '하… 이러면 완전 나가린데…'라는 생각이 들면서 자신감을 잃게 되는 집단의 분위기가 형성되는 것을 말한다.

우리가 가장 처음 배운 영어 구문 중의 하나는 아마도 'How are you?'일 가능성이 크다. 그리고 또 우리는 'I am fine, and you?'도 배웠다. 그리고 30여년이 지나버린 지금도 나는 매일같이 이 대화를 쓰고 있다(각인 효과는 이리도 강하다!). 박사 과정을 할 때 과 사무실에는 마이크라는 행정 직원이 있었다. 매일 아침 출근할 때나 일과 중에도

---

47 Bakker et al. (2006)

여러 번 복도나 사무실에서 그를 만나는 날이 많았는데, 마이크는 언제나 "How are you?" 라고 내가 물으면 매번 환한 미소를 지으며 악수나 하이파이브를 하면서

"I am FAN-TA-STIC! EX-LEL-LENT! FA-BU-LOUS!"

같은 과장된 표현으로 자신의 감정을 말하며 강한 완력으로 악수하고 어깨를 툭툭 치고는 지나갔다. 처음에는 '쟤 왜 저러지?' '왜 저렇게 오버하지?' 라는 생각이 들었는데 시간이 계속 지나다 보니 어느 순간 마이크를 만나다 보면 정말 내 기분이 FANTASTIC하고 EXCELLENT하고 FABULOUS해진다는 느낌이 들었다. 그리고 그렇게 기분 좋은 짧은 인사는 나와 대면하는 다른 사람들에 대한 긍정적인 응대에 영향을 미치고는 했다. 그리고 그 긍정성은 또 다른 사람들에게 전염되었을 것이다.

이러한 감정 전염은 긍정적인 상황 보다는 부정적인 감정에서의 전염이 훨씬 더 그 속도가 빠르고 강도가 강하다고 알려져 있다.[48] 서로에게 힘이 되어주는 리더와 동료와의 일과 삶에 관한 대화 그리고 현재와 미래에 대한 비전에 대한 공유를 통해 우리의 긍정성은 충만해질 수 있다. 하지만 온갖 가십과 뒷담화가 난무하는 그리고 상대방에 대한 비언어적인 적대감의 표현은 우리 조직으로 빠르게 번져 나갈 것이다. 그리고 이렇게 빠르게 전파되는 부정적인 감정은 곧 우리

---

48 Barsade et al. (2018)

조직을 집어삼켜 버린다.

　긍정성과 부정성은 모두 우리의 마음 안에 존재하는 감정이고 그것은 자연적으로 생기는 감정이다. 자연스럽게 일어나는 이 감정들을 컨트롤 하는 것은 여간 어려운 일이 아니다. 그렇지만 내가 일하는 조직에는 긍정의 힘을 믿는 긍정주의자가 더 많았으면 좋겠다. 소리 없이 빠르게 퍼져 나가는 밑도 끝도 없는 부정성이라는 바이러스를 막아낼 수 있는 긍정주의자들로 인해 우리는 긍정성이라는 집단 면역을 만들어 나가는 것이다.

긍정성과 관련해서
하나 더 주목해서 보아야 할 측면은
긍정성이 전염될 수 있다는 측면이다.
즉, 구성원 한 사람 한 사람의
일에 대한 긍정적인 인식이
팀과 조직의 긍정성을
만들어 간다는 것이다.

JD-R Model
(직무요구-자원 모델)

MENT

JD-R 모델: 인게이지먼트를 가리키는 나침반

JD-R$^{Job demands-resources}$ 모델은 산업 및 조직 심리학 그리고 인적자원과 관련한 최근 연구에서 가장 많이 활용되었을 연구 모델 중의 하나이다. 인게이지먼트를 포함한 다양한 직무태도$^{Job attitudes}$ 또는 어떤 심리적 상태와 관련한 선행 요인에 대한 연구를 가이드하는 연구 모델로 정말 많이 활용되고 있다. 이러한 연구 모델은 연구를 하려는 연구자나 직접 인게이지먼트를 높이기 위한 어떤 활동을 하려는 전문가들이 그들의 접근 방법을 정당화하는 이론적 프레임워크$^{Theoretical framework}$로 JD-R 모델의 장점은 바로 그 단순함의 미학에 있다. JD-R 모델은 무언가 복잡해 보이는 인간의 심리를 어린아이도 쉽게 이해할 수 있는 수준으로 단순화해 놓았다.

JD-R 모델은 2001년 처음 제시되었으며[49] 다양한 버전이 있지만,

---

[49] Demerouti et al. (2001)

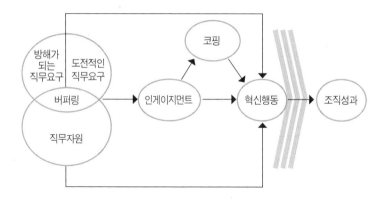

여기서는 권기범과 김태성(2020)의 JD-R 모델을 활용하고자 한다.

JD-R 모델에는 인게이지먼트를 위한 두 가지 선행 요인들의 묶음이 있다. 하나는 인게이지먼트를 가능하게 하는 근무 조건인 직무자원Job resources, 그리고 다른 하나는 인게이지먼트를 저해하는 그래서 스트레스를 야기할 수 있는 직무요구Job demands다. 인게이지먼트 연구에서는 인게이지먼트를 직무자원과 직무요구 사이의 도전과 응전으로 설명한다.

직무요구는 크게 방해되는 직무요구Hindrance demands와 도전적인 직무요구Challenging demands가 있는데, 방해되는 직무요구는 직무자원에 의해서 버퍼링Buffering, 완충 될 수 있고 이러한 버퍼링을 통해서 사람들은 높은 직무요구에도 불구하고 인게이지먼트 상태를 유지할 수 있다. 또한 도전적인 직무요구는 인게이지먼트가 높은 사람들에게는 직무요구를 타개할 수 있는 코핑Coping, 대처을 증가시킬 수 있는데 이러한 적극적인 코핑은 구성원들의 혁신행동을 증가시킬 것이다. 그리고 더 높은 수준의 인게이지먼트를 보이는 사람들의 집단적인 혁신행동은 결국 조직의 높은 성과를 창출할 수 있다라고 주장한다.

'복잡한 건 쓸데없고 단순한 건 거짓말이다.'[50]

저 단순함으로 무장한 JD-R 모델은 사실 인간 심리의 오직 하나의 단면만을 보여주기에 거짓일지도 모른다. 하지만 이보다 더 복잡한 모델은 사실 쓸 데가 없다. 복잡한 모델은 이해하기도 어려울뿐더러 일반화를 위한 과도한 해석은 모델 스스로를 모순에 빠뜨릴 가능성이 높기 때문이다. JD-R 모델은 인게이지먼트로 가는 길을 세세히 알려주는 지도는 아니다. 외려 이 모델은 인게이지먼트를 가리키는 나침반에 가깝다. 아무리 애를 써도 만족할 만한 인게이지먼트에 이르지 못할 때 JD-R 모델은 그 방향을 알려줄 것이다.

정신을 똑바로 차리고
집중해야 합니다?

인게이지먼트는 어떻게 우리에게 올까?

어떻게 하면 우리는 그러한 심리적 상태에 들어갈 수 있고 가급적 오랫동안 그 상태를 유지할 수 있을까?

일체유심조! 모든 것이 내 마음속에 있고, 정신일도 하사불성! 강인한 의지로 고도의 정신 집중을 시도하면 정말 인게이지먼트를 경험할 수 있을까?

만약 내가 다른 사람만큼 인게이지먼트를 경험하지 못한다는 건 내 의지가 부족해서인가?

그럼 결국 내 잘못인가?

인게이지먼트와 유사한 심리적 상태에 대한 개념들에 대한 논의들은 유독 한 개인의 동기부여에 초점을 맞춘 것이 많다. 즉, 인게이지먼트는 내 스스로의 동기 부여 강도에 따라서 결정이 되기 때문에, 내면에 존재하는 의지를 최대한 강하게 만들고 이러한 의지에 악영향을 미치는 욕망들을 억눌러서 인게이지먼트라는 심리적 상태로 들어가야 한다는 것이다. 그래서 개인의 성격이나 학습 스타일 같은 그룹화할 수 있는 특징들이 중요시되기도 하고, 인게이지먼트를 위해서 하루에 몇 시간만 소셜 미디어 하기 같은 욕구 관리 방법, 참선이나 명상 같은 마음챙김Mindfulness, 혹은 좌뇌와 우뇌의 비교와 같은 뇌과학적 관점에서 제시되는 집중력을 높이는 테크닉들을 습득해야 한다고 생각할 수 있다.

물론 이러한 기법들은 나름 그 근거가 있을 것이고 분명 효과를 낼 수도 있을 것이다. 또한 개인의 의지는 인게이지먼트에 있어 정말 중요한 것이다. 하버드 대학교의 질 테일러 교수는 90초 룰에 대해서 이야기한다.[51] 우리에게 어떤 부정적인 생각과 불쾌한 감정이 일어나는 순간은 우리의 뇌가 자동적으로 선택한 것이지만, 90초가 지나고 나면 우리가 스스로 선택한 감정이라는 것이다. 이러니저러니 해도 결국 인게이지먼트라는 심리적 상태는 결국 내가 선택하기 때문이다.

그런데 바로 이 지점이 내가 처음 인게이지먼트에 대해 배울 때 다소 시큰둥했던 이유다. 우리 모두는 인게이지먼트를 기대한다. 인게이지먼트를 연구하는 나 역시도 인게이지먼트 경험하고 싶지만 그것이 말처럼 쉽지는 않다. 문제는 우리를 둘러싼 상황이 우리가 인게이지먼트를 경험할 수 없게 만들기 때문이다. '정신을 똑바로 차리고 오랜 시간 집중해야 합니다!' 라는 제안을 실천할 수 있는 사람이 과연

51 Talyor (2008)

몇이나 될까? 그리고 그렇게 얻어진 인게이지먼트의 경험은 진짜 인게이지먼트일까? 그것은 진정 육체적인 활력, 감정적인 전념, 인지적인 심취가 포함된 인게이지먼트인가? 그냥 엉덩이만 무겁게 깔고 앉아서 세월만 보내고 있는 것은 아닌가? 코로나를 겪으면서 많은 사람들이 아마도 개인의 의지가 인게이지먼트를 위해서 얼마나 보잘것없는지를 느꼈을 것이다. 아무리 인게이지먼트를 느끼려고 발버둥을 쳐도 그럴 수가 없는 경우가 많았을 것이다. 집에 갇힌 채 아이를 키우면서, 삼시 세끼를 꼬박꼬박 해 먹고, 밖에 나가 잠시라도 여가시간을 보낼 수 없는 상황이라면 아무리 스스로에게 에너지를 불어넣어서 동기부여를 하려고 해도 할 수 없음을 느꼈을 수 있을 것이다.

인게이지먼트는 어떻게 우리에게 올까?
어떻게 하면 우리는 그러한 심리적 상태에
들어갈 수 있고 가급적 오랫동안
그 상태를 유지할 수 있을까?
일체유심조!
모든 것이 내 마음속에 있고, 정신일도 하사불성!
강인한 의지로 고도의 정신 집중을 시도하면
정말 인게이지먼트를 경험할 수 있을까?
만약 내가 다른 사람만큼 인게이지먼트를
경험하지 못한다는 건 내 의지가 부족해서인가?
그럼 결국 내 잘못인가?

이와 같은 개인의 동기부여를 강조하는 접근과는 다르게, 인게이지먼트를 개인Person과 상황Situation의 상호관계로 보는 관점이 있다. 이러한 관점은 인간을 둘러싸고 있는 환경이 인간의 행동에 큰 영향을 미친다는 가정을 기반으로 한다. 즉, 개인이 어떤 행동을 취하고 태도를 보여주는 것은 특정 맥락에서 그것이 받아들여지고 요구되는지에 의해서 결정된다는 것이다. 더 나아가, 상황 강도Situational strength 이론은 개인이 가지고 있는 어떤 특정한 기질은 쉽게 환경에 의해서 억눌러져서 발현되지 않을 수 있다고 주장한다.[52] 즉 우리의 행동은 외부 환경에 의해 통제받을 가능성이 크다는 것이다. 멀쩡하던 사람도 예비군 복만 입으면 껄렁껄렁해지고, 성장 과정을 통해 창의적인 삶을 살아왔던 전도유망했던 신입사원들도 몇 년간 위계적인 조직생활을 하다 보면 종국에는 비슷비슷해지는 것도 이러한 이치이다.

물론 인게이지먼트는 개인과 환경 그 사이 어딘가에 존재할 것이다. 개인도 긍정심리자본 챕터에서 살펴본 것처럼 인게이지먼트를 위한 충분한 능력, 준비, 노력이 필요하고, 그 개인을 둘러싸고 있는 상황 역시도 개인의 인게이지먼트를 위해서 어느 정도의 여건을 마련해 주어야 할 것이다. 하지만 인게이지먼트 연구는 개인과 환경의 상호관계 관점에 기반하여 적극적으로 환경의 중요성을 강조한다. 이는 인게이지먼트 연구의 태생을 생각해 보면 어쩌면 굉장히 자연스러운 것이다. 처음 인게이지먼트는 연구는 번아웃의 반대 기제Antithesis로 연구되기 시작했다.[53] 즉, 온갖 개인적인 어려움을 이겨내

---

52 Meyer et al. (2010)
53 González-Romá et al. (2006)

고 자신을 불살라 일하다 번아웃을 경험하던 이들을 연구하던 직업 심리학자들의 관점에서는 인게이지먼트를 위해서는 필수적으로 환경적인 뒷받침이 선행되어야 함을 강조한다. 그리고 나는 이 지점이 한국 사회가 인게이지먼트에 대해서 관심을 가져야만 하는 이유라고 생각한다.

국뽕이 아니라, 한국은 전 세계적으로 최고 수준의 교육 수준, 인지 능력, 그리고 고숙련의 인적자본을 보유하고 있다. 거기에 성실히 일하지 않으면 성공할 수 없다는 일에 대한 가치관Work ethic도 강하다. 여기에 OECD 최고 수준의 근무시간에서 볼 수 있듯이 많은 사람들이 워커홀릭 상태에 가깝게 일한다. 이런 우리에게 더 이상 개인 수준의 동기부여를 장려하는 것은 더 많은 번아웃을 낳을 뿐이다. 또한, 한국은 앞서 말한 상황강도가 강한 사회다. 많이 변하고 있다고는 하지만 국가 그리고 조직 수준의 문화의 강도가 강해서 개인의 특성을 억눌러 버린다. 업무를 수행하면서 개인의 독특한 특징을 발현하기 어려운 구조이다. 그렇기에 개인을 둘러싼 환경 그 자체를 변화시키지 않고는 인게이지먼트가 우리에게 오기를 기대하기는 어렵다.

●

온갖 개인적인 어려움을 이겨내고
자신을 불살라 일하다 번아웃을
경험하던 이들을 연구하던
직업 심리학자들의 관점에서는

인게이지먼트를 위해서는
필수적으로 환경적인 뒷받침이
선행되어야 함을 강조한다. ●

버퍼링과 코핑, JD-R 모델의 두 심리적 매커니즘

JD-R 모델은 직무자원이 증가하면 인게이지먼트가 높아지고 이는 곧 긍정적인 결과물들을 만들어 낼 수 있다는 심리적인 매커니즘을 도식화한 것이다. 그러면 JD-R 모델의 대표적 심리적 매커니즘인 버퍼링과 코핑에 대해 알아보도록 하자.

버퍼링(Buffering: 완충)

JD-R 모델에서는 인게이지먼트를 느끼기 위해서 개인에게 자원을 제공하는 업무 조건인 직무자원이 필요하다고 강조한다.[54] 여기서 자원이란 사람들이 얻고 싶은 것으로 빼앗기면 위협을 느끼게 되는 그래서 사람들이 가치있게 생각하는 것들을 총칭한다. 인간으로

---

54 Hakanen & Roodt (2010)

서의 존엄과 관련된 자긍심, 주변 사람들과의 애착 관계, 건강, 마음의 평화로움 같은 것들이 있으며 또한 이러한 가치 있는 목적을 달성하기 위해 수단인 돈, 사회적 지원, 신용 등이 있을 수 있다. 그중 직무자원은 인게이지먼트를 저해하는, 그래서 개인에게 물리적이고 심리적인 고통, 괴로움, 짜증 등의 스트레스를 야기하는 직무요구를 버퍼링 해줄 수 있는 다양한 근무 조건을 말한다. 이러한 버퍼링의 원리는 JD-R 모델의 핵심이 되는 심리적인 매커니즘이다.

현실에서 우리가 그 어떤 행복한 직장에서 일한다고 하더라도 나를 고통스럽게 하는 1인의 빌런은 언제나 존재하며, 세상 즐겁고 일이 재미있더라도 진상 고객 한 명만 만나면 내가 벌레처럼 느껴질 때가 있다. 덕업일치를 이룬 나 역시도 내가 좋아하는 연구를 하거나 글을 쓰기 위해서는 별로 달갑지 않은 지저분한 데이터를 클리닝하는 작업을 며칠씩 해야만 할 때가 있다. 사실 나는 나만 이런 줄 알았는데 훌륭하신 분들의 인터뷰를 볼 때마다 다들 비슷한 감정을 느끼시는 것 같아서 위로될 때가 있었다.

"(하고 싶은 일을 하는) 1%의 저 같은 사람도,
제 일의 80% 이상은 하기 싫은 일이에요."
- 박진영(JYP)-

그렇기에 스트레스를 일으키는 직무요구 자체를 박멸하는 것은 불가능하다. 우리의 삶은, 그리고 우리가 일하는 과정에서 느낄 수 있는 인게이지먼트는 결코 그 어떤 직무요구도 없는 무균의 인큐베이터

안에서 만들어지지 않는다. 오히려 현실은 여기저기서 치고 들어오는 직무요구들을 능수능란하게 요리하면서 인게이지먼트를 위해 최적의 조건을 만들어 내는, 어찌 보면 겉으로 보았을 때는 우아해 보이는 백조의 가라앉지 않으려는 물속 발버둥에 가깝다.

이러한 측면에서, 스트레스를 일으키는 사건Event과 스트레스를 경험하는 과정Process에 대해서 구분할 필요가 있어 보인다.[55] 즉, 사실 중요한 건 스트레스를 일으키는 어떤 사건, 그리고 그로 인한 직무요구 그 자체보다는 그 직무요구를 충족시키기 위한 적절한 직무자원이 없거나 그 어려운 직무요구를 모두 충족시켰음에도 불구하고 그에 상응하는 제대로 된 보상이 오지 않는 그 과정이 우리의 인게이지먼트를 급격하게 흔든다는 것이다. 그것이 지속될수록 우리의 에너지는 모두 소진되고 결국 번아웃에 빠지고 만다. 극도의 스트레스를 느끼는 상황에서 직무자원을 통한 버퍼링은 직무요구로 인해 생겨나는 스트레스를 완화해 줄 수 있다. 진상 고객을 만났더라도 상사와 동료들의 따뜻한 조언과 위로 한마디면 그 스트레스를 긍정적으로 해석할 수 있는 마음의 여유가 생기고, 그러다 보면 신기하게도 곧 마음의 평정을 찾을 수 있을 때가 있다.

언젠가 청년 퇴사자들의 다큐를 본 적이 있었다. 다니던 직장을 때려치우고 자기가 원하는 것을 향해 새로운 인생의 길을 선택한 사람들의 이야기였다. 그중에서 한 퇴사자가 했던 직업 없이 지내는 자기 자신의 상황에 대한 표현이 인상적이었다.

---

55 Pearlin et al. (1981)

"나를 위해 온전히 쓰는 시간인 거죠."

이런 약간 닭살 돋는 표현을 아마도 철없는 젊은 사람들의 투정 정도로 받아들일 수도 있을 것 같다. 하지만 나도 직장 생활을 하면서 비슷한 감정을 느꼈던 적이 있다. 정말 뭐 같은 날이면 항상 가슴속 한구석에 고이고이 적어놓았던 사표를 만지작거렸다. 하지만, 그럴 때마다 내게는 위안을 주던 위대한 멘토들이 있었다. "잘하고 있다," "조금 쉬어가는 거로 생각해라" 그렇게 내가 만난 멘토들로부터 위안을 많이 받았다. 그것은 단순히 상사나 동료를 뒤에서 걱정해 주던 뒷담화가 아니었다. 내가 온전히 잘 쓰이고 있다는 것을 깨닫게 해 주었던 배움과 성장에 대한 꿈의 대화였다. 그리고 그 대화는 내가 이 조직에서 어떻게 쓰이고 있는지를 알게 해 주었다. 그저 하나의 시시한 나사 쪼가리인 줄 알았는데 린치 핀[56]인 걸 알았다.

코핑(Coping; 대처)

버퍼링이 직무요구를 완화하는 해독제의 역할을 한다면 코핑은 내외부의 직무요구들에 능동적으로 대처하기 위해 골똘히 고민하고 적극적으로 행동하는 주체성을 의미한다.[57] 코핑은 직무요구가 늘어나고 온갖 문제들로 욕조가 가득 차서 도저히 물을 퍼낼 수 없을 때(즉, 버퍼링이 불가능할 때) 그 물에서 수영하는 법을 가르치는 것이라는 비

---

56 마차나 수레, 자동차 등의 바퀴가 빠지지 않도록 축에 꽂는 핀. 린치핀이 빠지면 바퀴 전체가 떨어져 나감(세스 고딘, 2010).
57 Lazarus & Folkman (1984)

유가 있다.[58] 감당하기 어려운 고난을 만나 우울해지고 번아웃이 될 것 같은 상황에서도 누군가는 코핑을 통해서 그 어려움에서 벗어난 다는 것이다.

효과적인 코핑은 내가 원하는 바와 원하지 않는 바의 차이를 줄여서 스트레스의 원인을 줄일 수 있다. 이러한 코핑은 크게 문제 해결형과 감정적 코핑으로 나누어진다.[59] 문제 해결형 코핑은 스트레스의 원인을 줄일 수 있는 실질적인 해결책이나 건설적인 피드백을 제시해 주는 것을 말하고, 감정적인 코핑은 내가 스트레스를 줄일 수도 없고 문제를 해결하지도 못하지만 어찌 되었건 무작정 견뎌내야만 할 때, 타인에게 기대어 감정적인 지원을 받는 것이다.

또한 극도의 스트레스 상황에서 사람들은 궁극적으로 문제를 해결하지는 못하지만, 고단백, 고지방, 카페인 종류의 음식 및 주류와 약물의 섭취에 중독되어 잠시나마 삶의 위안을 받는 비효과적인 코핑을 하기도 한다. 하지만 이러한 실패하거나 비효율적인 코핑은 외려 스트레스 상황을 더욱 악화시키고 종국에는 번아웃을 야기할 수 있다.[60] 이와는 다르게, 자신의 일에 인게이지먼트를 느끼는 그래서 에너지가 넘치는 긍정적인 사람일수록 자신 있게 문제들을 해결을 시도하려는 코핑의 빈도가 높다는 것은 어쩌면 당연할 것이다.

이처럼 인게이지먼트 관점에서 코핑이 중요한 것은 인게이지먼트가 높은 사람일수록 좀 더 효과적인 코핑을 통해 더 높은 수준의 인게

58 Cooper & Quick (2017)
59 Catalano et al. (2011)
60 Pienaar & Willemse (2008)

이지먼트를 느낄 수 있다는 것이고 인게이지먼트가 낮은 사람일수록 코핑을 안하거나 효과적이지 않은 코핑을 함으로써 점점 더 인게이지먼트가 낮아질 가능성이 있다는 것이다. 이를 나선형 성장Gain spirals, 이와 반대를 나선형 쇠퇴Loss spirals 라고 한다.[61] 개인의 코핑 능력에 따라서 인게이지먼트의 부익부 빈익빈을 낳을 수 있음을 의미한다.

나선형 성장은 인게이지먼트가 증폭되며 상승하는 고리를 의미하는데, 직무자원이 인게이지먼트를 높여 주고 높아진 인게이지먼트가 더 많은 직무자원을 만들어 내는 직무자원과 인게이지먼트의 상호 상승 과정을 말한다. 즉, 직무자원(Time 1) ⇨ 인게이지먼트(Time 1) 그리고 다시 인게이지먼트가(Time 2) ⇨ 직무자원(Time 2)을 만들어내고 Time 2의 직무자원과 인게이지먼트는 Time 1의 직무자원과 인게이

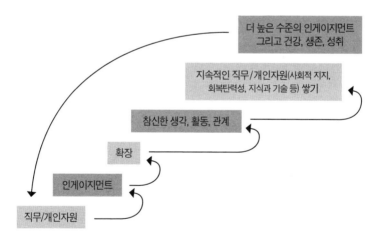

---

61 Salanova et al. (2010)

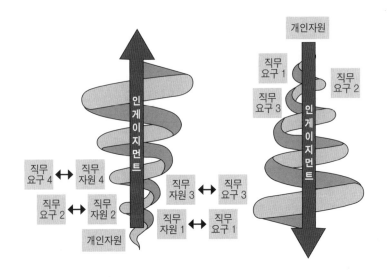

지먼트보다 훨씬 더 크다. 그리고 시간이 Time 3, 4, 5… 로 지나갈수록 이러한 순환 관계는 더욱더 공고해지면서 더 높은 수준의 인게이지먼트를 경험할 수 있다는 것이다.[62]

나선형 쇠퇴는 이와는 반대되는 방향으로 사람들이 적절한 자원을 획득하지 못할 때 점점 더 인게이지먼트를 잃게 되고 그 쇠퇴는 성장보다 훨씬 더 빠른 속도로 일어날 가능성이 있다.

이러한 나선형 성장을 이끌어 낼 수 있는 사람일수록 미래의 상황에 대해 자기 능력에 대한 믿음, 낙관적인 긍정심리자본 덕분에 웬만한 직무요구에도 흔들리지 않고 자신을 통제해 나가며 더 많은 자원과 더 높은 인게이지먼트를 유지하고 발전시킬 수 있다. 그리고 이러

---

[62] Fredrickson (2003)의 긍정적 감정의 확장과 수립 모델을 인게이지먼트에 맞게 재구성함.

한 축적된 믿음은 어려운 직무요구가 일어났을 때 문제를 해결할 수 있는 코핑으로 나타난다. 반대로 적절한 직무자원이 없다면 사람들은 나선형 쇠퇴의 늪에 빠지게 되고 개인은 점점 더 긍정심리자본을 잃으며 문제 회피형 코핑에 의존하다 결국 번아웃으로 빠져든다.

홉폴(2002)에 따르면 나선형 성장에서 자원이 주는 효과는 보통 수준이지만 나선형 쇠퇴에서는 자원의 효과가 매우 크다고 말한다. 일이 잘 진행이 되고 모든 일이 뜻한 대로 풀릴 때 얻게 되는 직무자원 이상으로 일이 잘 진행되지 않고 하는 모든 일이 족족 꼬일 때 얻게 되는 직무자원은 염라대왕 앞에서 할아버지 만난 격으로 큰 힘이 되기 때문이다.

그러면 본격적으로 이 빗발치는 직무요구의 고통속에서 나를 나선형 성장으로 이끌어 줄 수 있는 직무자원에는 무엇이 있는지 자세히 알아보고자 한다.

인게이지먼트를
경험하기 위한 직무자원

앞서 언급한 것처럼 직무자원은 인게이지먼트를 경험하기 위해 개인에게 자원을 제공하는 업무 조건을 말한다.[63] 처음 인게이지먼트 배울 때 이 낯선 '자원'이라는 단어를 쓰는 것이 의아했었다. 대개 사회과학에서는 어떤 특정 결과를 야기하는 그 원인들을 '선행요인 Antecedents'이라고 부른다. 예를 들어, 훌륭한 리더십 행동/직원의 성과/조직의 혁신성 등의 결과변수들은 어떠한 선행요인들이 있어야 가능한지에 관해서 연구하는 것이다. 그런데 이러한 일반적으로 쓰이는 용어 대신 인게이지먼트 연구는 자원이라는 독특한 용어를 쓰고 있었고 이것이 학계에서 널리 수용되고 있었다. 사실, 선행요인이라는 용어에는 매칭 가설Matching hypothesis이라는 가정이 내포되어 있다. 그것은 어떤 하나의 직무요구에는 그에 딱 매칭이 되는 하나의 직

---

[63] Hakanen & Roodt (2010)

무자원이 있다고 생각하는 것이다.

예를 들어, 어떤 사람이 '무거운 물건을 운반하는 것'이 직무요구하고 가정해 보자.[64] 계속 무거운 것을 들다보니 체력적으로 너무 힘들고 허리 디스크가 발병해서 활력에 크나큰 부정적인 영향을 받았고 결과적으로 전체 인게이지먼트가 급격히 떨어졌다고 쳐보자. 매칭 가설에 따르면 이 문제를 해결하기 위한 최적의 직무자원은 무거운 물건을 운반할 수 있는 카트를 하나 구입하는 것일 수 있다. 그런데 카트를 하나 산다고 해서 문제가 바로 해결되어서 인게이지먼트로 바로 돌아갈 수 있다면 얼마나 좋겠냐 만은 일이 그렇게 간단히 풀리지 않을 수도 있다. 작업 특성상 카트를 사용하기 위해서는 물건을 픽업하는 장소를 바꿔야 할 수도 있다. 이를 위해서는 임직원 안전을 위한 타 부서의 적극적인 업무 협조가 필요할 수도 있다. 또, 카트는 안전 규정상 2인 1조로 움직여야 하는데 그러려면 업무 방식을 변경해야 할 수도 있다. 이미 손상된 허리 디스크 치료를 위해서 의료비를 지원하고 업무 일정을 당분간 재조정해야 할 수도 있다. 이처럼 카트 하나를 사는 것은 생각보다 다양한 직무자원을 요구할 수도 있는 것이다.

이처럼 인게이지먼트를 위해서 단 하나의 선행요인으로 직무요구를 효과적으로 버퍼링하는 것에는 한계가 있다. 우리가 일하고 있는 일터는 여러 다양한 사람들의 욕망과 이를 충족시키기 위한 다양한 제도들이 복잡하게 엮여서 움직이는 다이나믹한 시스템이기 때문이

---

64 Pitura (2004)

다. 인게이지먼트 연구는 다양한 선행요인들을 하나의 직무자원 꾸러미Bundle로 묶어서 통합적으로 제시해야 직무요구를 효과적으로 버퍼링할 수 있음을 강조한다.

이와 같은 직무자원 꾸러미를 분류하는 데에는 여러 기준들이 있다. 그중에서 조직/팀/직무 수준에서 인게이지먼트에 영향을 미치는 업무 조건으로 나누어 직무자원을 설명하고자 한다.

조직 수준 직무자원: 보이는 것과 보이지 않는 것

조직 수준의 직무자원은 조직과 구성원이 노동계약을 맺을 때 조직으로부터 제공받을 수 있는 유무형의 자원인데, 크게 '눈에 보이는' 인사 제도와 '눈에 잘 보이지 않는' 조직 문화의 관점에서 조직 수준의 직무자원으로 구분할 수 있다.

인사 제도

인사 제도는 조직이 추구하는 사명과 목적을 달성하기 위한 임직원에 대한 관리 기법을 말하는 것으로 선발, 교육, 평가, 보상, 퇴직의 전체 인사 프로세스에 포함된 다양한 제도를 말한다.

그중, 가장 중요한 자원은 뭐니 뭐니 해도 급여와 복리후생이다. 급여는 현금 혹은 유가 증권으로 지급되는 월급과 그 이외의 수당, 조직의 성과에 따른 성과금, 개인 성과에 따른 장/단기 인센티브, 퇴직금 등이 있으며, 복리후생에는 중식비/교통비 지원, 학자금 대출, 의

료비 지원, 휴가 지원 등을 말한다. 일이 너무 고되고 힘들어서 당장 때려치우고 싶더라도 한 달에 한 번 들어오는 월급이라는 링거를 한 번 맞고 나면 그래도 얼마간은 위로가 되기도 하고(유럽에서는 한 주에 한 번, 미국에서는 한 달에 두 번씩 맞는 예도 있다!), 아이들이 잘 커나갈 수 있도록 학자금 대납 영수증을 보다 보면 없던 힘도 샘솟는 것이 바로 이러한 금전적 보상의 마법이다.

최근에는 복리후생에 대한 제도적인 발전도 두드러지고 있는 것이 또 하나의 특징이다. 그 이전에는 조직이 일방적으로 복리후생을 선택해서 직원들에게 배분해 주던 방식에서 임직원 개개인에게 복지 포인트 형식으로 마일리지를 주고 자기가 원하는 복리후생을 스스로 선택하는 카페테리아 방식으로 사용할 수 있는 방식도 많이 채택되고 있다. 또한, 전통적으로 근로기준법과 내규에 의해서 정해져 있는 방식으로 사용되던 휴가제도 역시 장기 리프레시 휴가 혹은 안식월과 같은 다양한 형식으로 변화하고 있다. 사내 어린이집 운영처럼 점점 더 높아지고 있는 일과 가정의 양립을 위한 제도 역시 주요한 복리후생이 되고 있다.

이뿐만 아니라 경력 개발에 대한 임직원들의 관심이 높아지면서 사내/외 교육 프로그램 및 학위 과정에 대한 교육훈련 지원 역시 중요한 직무자원의 하나가 되고 있다. 경력 개발의 경우는 단순히 조직에서 학습과 관련된 제도를 운용하고 있다는 그 사실 자체보다는 임직원들이 이러한 제도를 어떻게 받아들이고 인식하고 있는지가 중요한 요인이 된다. 예를 들어 '이 조직에서 내가 얼마나 유의미한 성장할 수 있을 것인가?' '그 사다리가 있긴 한가?' 또는 '이를 위해 적절한 교육훈련을 받을 수 있는 기회가 있을 것인가?' 그리고 '그러한 나의 성장은 얼마나 빠르게 이루어질 수 있을 것인가?' 그리고 '그에 합당한 대우를 받을 수 있을 것인가?' 에 대한 구체적인 그림이 있어야 한다.[65]

과거에는 내부 규정에 의해 관행적으로 결정되는 것으로 여겨졌던 물리적인 업무 환경에 대한 투자도 최근에는 주목을 받는 중요한 직무자원이다. 기본적인 물리적인 요인으로는 온도, 공기의 질, 인체공학, 조명, 소음 같은 요인들이 있다.[66] 한여름 무더위 때 에어컨 사용이 제한되는 사무실에 가보면 인게이지먼트에 온도가 얼마나 중요한 요인임을 쉽게 체험할 수 있으며, 하늘 높이 치솟고 있는 부동산 비용과 극심한 교통 체증 같은 어려움에도 불구하고 연중 맑은 날이 많은 캘리포니아를 많은 IT 기업들은 떠나지 못하고 있다.

"이러다 우리 영업 3팀 자리로 가는 거 아니에요?
아, 거기 가끔 화장실 냄새나는데"
-〈미생〉, 유대리-

또한, 과거의 파티션으로 죽 늘어진 특색 없는 관료제 형식의 사무 환경보다는 실리콘 밸리의 구글 캠퍼스의 업무 환경처럼 좀 더 새롭고 세련된 감각의 업무 환경에 대한 요구도 높아지고 있다. 테크 기업 및 스타트업들이 앞다투어 도입하고 있는 이러한 새로운 업무 환경

---

65 Weng & McElroy (2012)
66 Sander et al. (2019)

은 단순히 신체적 그리고 심리적인 만족감뿐만 아니라 한 조직의 문화를 보여줄 수 있는 조직의 이미지 메이킹을 할 수 있다는 점에서 최근에 그 중요성이 강조되고 있는 것이다.

이와 같은 인사와 관련된 여러 제도들은 위생요인이라는 개념과 관련이 있다. 조직 및 산업 심리학 그리고 경영학의 조직행동론 분야의 많은 동기부여 이론들과 연구들은 허츠버그(1966)의 2요인Two-factor theory이라는 이론을 그 기원으로 하는 경우가 많다. 허츠버그는 사람들이 진정 일로부터 얻고자 하는 것에 관해서 연구를 했고, 사람들이 일하면서 만족하는 요인과 불만족한 요인이 각각 다르다는 사실을 발견하게 된다. 즉, 자기 일에 만족하는 사람들은 동기부여를 그 요인으로 꼽지만, 자기 일에 불만족하는 사람들은 급여, 업무환경과 같은 위생요인을 꼽는다는 것이다. 문제는 2요인 이론을 근거로 동기부여만 되면 모든 것이 해결될 것이라고 믿는 경우가 많다는 것이다. 하지만 2요인 이론의 핵심은 위생요인을 해결해주고 동기 요인에 집중하라는 것이지, 위생요인을 무시하라는 이야기는 아니라는 점이다.

이는 사회과학의 연구 결과들이 실제로 전달하려는 메시지와는 다른 방향으로 현실에서 잘못 인용되는 상황에 해당하는데, 누구나 노동시장에서 내 노동력을 조직과 교환할 때, 맡은 바 임무를 해내었을 때 그에 합당한 보상을 받기를 원하고, 아플 때 적절한 치료받을 수 있고, 최소한의 인간적인 환경에서 근무하기를 원한다. 만약 이러한 위생요인이 충족되지 않는다면, 인게이지먼트는 고사하고 번아웃으로 치닫게 되며, 사람들은 조직에 해가 되는 행동(예를 들어 지각, 태만)을 하기 시작하며 종국에는 조직을 떠난다.

"보람 따위 됐으니 야근 수당이나 주시죠."

"경영자의 마인드로 열심히 일할 테니 경영자의 월급을 주세요."

"쥐꼬리만 한 월급을 받았으니 일도 쥐꼬리만큼만 하고 가야지"

-그림왕양치기, 〈약치기 그림〉-

조직문화

이러한 눈에 보이는 인사 제도를 포함한 제도, 시스템, 환경뿐만 아니라 눈에 보이지는 않지만 존재하는 무형의 조직문화 역시 주요한 조직 수준의 직무자원이 된다.

조직문화는 사회과학에서 가장 정의가 어려운 개념이긴 하지만 정말 간단히 이야기하자면 이 조직에서 일이 돌아가는 방식The way things are done around here이라는 측면을 강조하고 싶다.[67] 이 '일이 돌아가는 방식'은 전체 조직 그리고 그 구성원들이 오랜 시간에 걸쳐 체화된 것으로 조직 내외부의 문제를 해결하는 과정에서 되풀이되는 패턴을 말한다.[68]

언젠가 임원들의 의사결정능력을 개발하는 교육을 만드는 프로젝트에 자문을 한 적이 있었다. 한 고객사 기업에서 최고위급 임원들을 대상으로 했던 교육에서 의사결정과 관련해서 재미있는 상황을 경험한 적이 있었다. 해당 의사결정의 내용을 간단히 정리하면 다음과 같다.

---

67 Siegel & Kaemmerer (1978)
68 Schein (1985)

여기 두 가지 플랫폼이 있습니다. 최고 경영자로서 귀하는 두 플랫폼 중에 반드시 하나를 선택하셔야 합니다. A 플랫폼을 선택하시면 시장을 독점하며 높은 이익을 예상할 수 있지만 만약 실패했을 때는 큰 손해를 보게 됩니다. B 플랫폼은 상대적으로 예상되는 이익은 적지만 실패 확률 역시 적습니다. 현재 시장에서는 당신을 포함해 다섯 개 기업이 경쟁하고 있습니다. 자, 어떤 플랫폼을 선택하시겠습니까?

이것은 실제 경영 의사결정이 아니기 때문에 호기롭게 A를 선택할 여지가 있고 만약 혼자만 A를 선택한다면 엄청나게 높은 이익을 기대해볼 수 있는 상황이었다. 장단점이 명확하여 어떤 선택을 하더라도 그 결정의 근거가 합당한 상황임에도 불구하고 놀랍게도 거의 모든 팀들이 B 플랫폼을 선택했다. 불확실성을 회피하고 보수적으로 시장에 접근해서 빠른 추격자Fast follower가 되는 것에 익숙한 구성원들 특히 오랜 기간 해당 기업에서 성공했던 임원들은 어김없이 해당 조직에서 익숙한 '일이 돌아가는 방식'으로 의사결정을 하게 되었던 것이다.

학습 조직

이처럼 조직문화는 사람들이 일하는 방식을 결정한다. 그렇기에 그 일하는 방식이 나의 개인적인 성향과 얼마나 비슷하냐에 따라 인게이지먼트에 큰 영향을 줄 수 있다. 인게이지먼트와 관련해서 중요하게 연구된 이 조직문화의 단면에는 구체적으로 어떤 것들이 있을까? 박유경과 동료들의 연구(2014)는 한 조직이 학습하는 문화인 학습 조직을 그 주요한 특징으로 꼽는다. 경영학의 고전인 학습하는 조직에서 피터 센게(1990)는 조직의 구성원들이 어떤 원하는 것을 성취하기 위해 지속해서 스스로 역량을 개발하고 새로운 생각의 패턴들이 잘 받아들여질 뿐 아니라 서로에게 배우려는 집단의 열망이 자유로운 곳을 학습 조직이라 말한다. 그것은 단순히 함께 책을 읽고 함께 공부하는 소모임이 아니라 일하는 와중에 구성원들과 함께 배우고 익히며 자신을 변화시키는 것에 가깝다.

처음 취업해서 회사에 들어갔을 때 퇴근 이후에도 그리고 주말에도 머릿속에서 일에 관한 생각이 떠나지 않았다. 무언가를 많이 배우고 깨우쳐서 그것을 바탕으로 나만의 새로운 것을 만들어 보고 싶은 욕망이 컸기 때문이다. 그건 누가 시켜서 생겨난 것이 아닌, 내 마음속에 순전히 알고 싶은 마음으로 인한 것이었다. 이렇게 학습에 대한 열망은 우리를 쉽게 인게이지먼트 상태로 이끌 수 있다.

이처럼 개인이 느끼는 학습에 대한 태도와 행동과는 다르게 조직은 다른 방식으로 학습을 한다. 조직 그리고 그 조직에서 일이 돌아가는 방식은 과거 학습의 부산물이다. 마치 경영 의사결정 교육에서 거의 모든 임원들이 B 플랫폼을 선택하듯이 모든 조직에는 성공과 승리의 기억이 있다. 그리고 조직은 그러한 위대한 성취를 통해 알게 된 그 기억들을 공식적인 형태의 루틴Routine으로 만든다. 그리고 유사한 상황에 맞닥뜨릴 때 그 행동의 패턴을 반복함으로써 과거의 성공을 재현하려고 한다.[69] 한 번 조직이 학습을 통해 습득한 루틴이 정립되

---

69 Feldman (2000)

고 나면, 조직은 새로운 대안을 찾기 위한 학습을 주저하는 습성이 있다. 그렇기에 무언가를 새롭게 배우려는 개인의 시도들은 '듣도 보도' 못한 방식이 되기에 쉽게 받아들여지지 않는다. 그리고 개인은 점점 더 〈레볼루셔너리 로드〉의 레오나르도 디카프리오처럼 누군가가 만들어 놓은 성공의 기억을 지루하게 답습하며 인게이지먼트는 저 멀리 사라져 버린다.

그렇기에 개인과 조직이 새로운 것을 배우고 익히는 것을 격려하고 북돋아 줄 수 있는 학습 조직은 인게이지먼트에 매우 중요한 선행 요인이 된다. '거, 하던 대로 합시다. 그거 다 예전에 해 본 거라고. 누구는 몰라서 안 하는 줄 알아?'와 같은 심리적인 관성Psychological inertia 에 빠져 있거나, '너는 아직 사원이니까'라면서 직급으로 깔아뭉개는 조직은 배우고자 하는 개인을 낙담시킬 뿐이다.

특히, 중요한 것은 리더의 학습은 다른 사람들에게 전이된다는 점이다. 사실, 고위직 임원들의 업무량은 상상을 초월한다. 온종일 회의, 보고, 현장 방문 등 끊임없이 일정이 있다가도 저녁이면 반드시 업무와 관련된 회식이 있고 주말에도 출근하거나 경조사를 챙겨야 하는 일이 많다. 그러다 보면 책 한 권 제대로 읽을 시간이 없을 때가 많다. 그리고 만약 리더가 학습을 멈추면 모든 조직이 학습을 멈춘다. 리더가 새로운 것을 읽고, 새로운 경험을 하고, 다양한 관점을 논의할 수 있는 대화가 멈춰있다면 그것은 학습이 멈춘 조직이다. 그러한 척박한 토양의 학습이 없는 조직에서는 절대 인게이지먼트를 꽃피울 수 없다.

경력 개발의 경우는
단순히 조직에서 학습과 관련된 제도를
운용하고 있다는 그 사실 자체보다는
임직원들이 이러한 제도를 어떻게 받아들이고
인식하고 있는지가 중요한 요인이 된다.
예를 들어 '이 조직에서 내가 얼마나
유의미한 성장할 수 있을 것인가?'
'그 사다리가 있긴 한가?' 또는
'이를 위해 적절한 교육훈련을 받을 수 있는
기회가 있을 것인가?' 그리고
'그러한 나의 성장은 얼마나 빠르게
이루어질 수 있을 것인가?' 그리고
'그에 합당한 대우를 받을 수 있을 것인가?' 에 대한
구체적인 그림이 있어야 한다.

조직 공정성

조직을 떠나 유학을 나온 십여 년 전과 비교했을 때 내가 경험하지 못한 한국 조직에서의 새로운 단면은 공정성에 대한 논의들이다. 예전에는 법률적으로 위법하냐 적법하냐가 조직에서의 의사결정에 주요 이슈였던 것으로 기억하기에 한국 뉴스를 접하다가 처음에는 '왠 공정?' 이라며 의아해했던 기억이 난다. 조직에서 한 번 정해진 의사결정은 거스를 수 없는 절대 존엄이었기 때문에 공정 같은 천진난만한 단어는 끼어들 여지조차 없었다. 하지만 법은 최소한의 도덕이라는 걸 곱씹어 보면 한국의 조직들이 오늘 겪고 있는 공정성과 관련한 논의들과 진통들은 궁극적으로 긍정적인 영향을 미칠 것이라고 굳게 믿고 있다.

한 조직에서 인사 제도를 디자인한다는 것의 본질은 구성원들이 받아들일 수 있는 불공정이 어디까지인지를 알아가는 과정이다. 21세기의 인사 제도의 대표적인 흐름인 인재 관리Talent management는 한 조직에는 전략적인 포지션과 비전략적인 포지션이 있는데 모든 구성원을 똑같이 대우하지 않고 전략적인 포지션에서 일하는 구성원들에게 혜택을 몰아주는 것이 훨씬 효과적이라는 임직원 차별화Workforce differentiation를 그 기반으로 하고 있기 때문이다.[70] 물론 몰아주는 것을 무한정 할 수 없기 때문에, 얼마를 몰아주었을 때 효과가 가장 최적화될 수 있느냐가 인사제도의 성패를 가르는 요인이 된다. 최근 공정성에 대한 이슈가 잦아지는 것은 이전에는 이러한 제도 설계상의 불공

---

70 Michaels et al. (2001)

정성에 대한 이의 제기가 없거나 있다고 해도 흐지부지되는 경우가 많았기 때문에 제도를 설계하는 입장에서는 문제가 일어나도 크게 개의치 않을 수 있었다. 하지만 최근에는 공정성과 관련한 이슈를 대충 덮고 넘어갔다가 더 큰 문제가 분출되고 결국 구성원들의 인게이지먼트에 심각한 악영향을 미치기에 의사결정자들이 눈여겨봐야 할 주요 경영 의제가 되어가고 있다.

조직 이론에서 이러한 공정성과 관련된 논의의 근간에는 사회교환 이론Social exchange theory이 있다.[71] 사회교환 이론의 기본적인 가정은 조직과 구성원은 노동계약을 맺고 구성원은 노동을 그리고 조직은 그에 대한 보상을 제공하며 상호 교환을 한다는 것이다. 만약 어느 한쪽이라도 의무를 다하지 않아서 합당한 교환이 이루어지지 않는다면 이 노동계약은 깨지게 된다. 반대로, 어느 한쪽이라도 상대방이 생각했던 것 이상의 가치를 제공한다면 더 많이 받은 쪽에서 그에 합당한 반대급부를 제공하려는 동기부여가 생긴다는 것이다. 즉, 구성원이 계약된 것보다 더 많은 물질적 그리고 정신적 보상을 받게 되면 더 높은 수준의 인게이지먼트와 기대한 것 이상의 업무 성과로 빚진 것을 상쇄시키고 싶어진다는 것이다. 유사하게, 기대했던 것보다 높은 인게이지먼트와 업무성과를 보여준 임직원에게는 그에 따른 인상된 보상을 해주는 것도 함께 의미한다. 이러한 사회교환의 과정에서 조직과 구성원은 서로 주고받는 것에 대한 균형을 맞추려고하며 조직과 구성원은 지속적이고 긍정적인 교환의 과정을 통해 점점 더 밀접한

---

71 Blau (1964)

한 조직에서 인사 제도를
디자인한다는 것의 본질은
구성원들이
받아들일 수 있는
불공정이
어디까지인지를
알아가는 과정이다.

관계를 형성할 수 있다는 것이다. 꽤 복잡한 이야기 같지만 쉽게 보면 중국집에서 짜장면을 사 먹는 것과 크게 다르지 않다. 육천원과 짜장면을 교환했는데 군만두를 서비스로 주면 기분 좋고 맛있게 먹을 수 있고 다음에 또 먹으러 온다는 이야기다.

사회교환 이론은 구성원의 조직과 일에 대한 태도와 행동에 영향을 지대한 영향을 미치는 루소(1995)의 그 유명한 심리적 계약 Psychological contract 이론을 설명하는 매커니즘이 된다. 심리적 계약은 법률적인 고용 계약 이면에 존재하는 조직과 구성원 사이의 서로 지키고 제공해야 하는 상호 의무와 권리에 관한 묵시적인 계약을 말한다.[72] 이런 심리적 계약에서는 조직의 관심은 과거에 어떤 약속을 했느냐 보다는 현재와 미래에 이득이 되느냐에 초점이 맞추어진다. 조직의 관점에서는 상호성이 약하기 때문에 심리적 계약의 강도가 높지 않을 수 있다. 조직은 감정이 없을뿐더러 한정된 자원을 가지고 있는 조직이 '나만' 특별히 그 심리적 계약을 챙겨줄 리 만무하기 때문이다. 사실 모든 구성원은 각자 나름의 구구절절한 사연이 있다.

따라서, 심리적 계약은 전적으로 구성원의 조직에 대한 일방적 믿음을 의미한다. 심리적 계약은 조직이 나의 기여를 알아주지 않을 때 그래서 '일할 맛이 나지 않는다' 또는 '이 조직은 날 알아주지 않아'라고 느낄 때 깨지게 되고 인게이지먼트에 악영향을 미치는 것은 물론, 종국에는 이직을 고민하게까지 만들게 된다. 짜장면에 탕수육까지 시켰는데, 군만두를 주지 않는 그 중국집에 가야 할 이유가 있는가?

---

[72] 조범상 (2004)

이러한 심리적 계약은 조직 공정성에 영향을 받을 수 있다.[73] 구체적으로 보면 조직 공정성은 크게 분배, 절차, 상호작용 세 가지로 구분해 볼 수 있다. 첫 번째 분배 공정성은 내가 들이는 시간과 노력에 합당한 보상을 받느냐와 관련이 있다. 최근에 강조되고 있는 '일한 만큼 정당하게 보상 받겠다'는 요구의 근원에는 바로 이 분배 공정성의 이슈가 존재한다. 두 번째 절차 공정성은 분배가 일어나는 그 절차가 공정하냐는 것에 대한 질문이다. 분배 공정성이 결과에 대한 것이었다면, 절차 공정성은 그 과정에 대한 것이다. 레벤탈(1980)은 절차 공정성의 잣대로 (1) 일관성, (2) 편견으로부터 자유로움, (3) 정확한 정보에 기반한 의사결정, (4) 정확하지 않은 의사결정에 대한 수정 절차 존재, (5) 개인적인 윤리 또는 도덕에 부합, (6) 다양한 그룹의 의견 확인의 여섯 가지 원칙을 제시하였다.

그런데 최근에 공정성에 대한 논의는 지금까지 큰 관심을 받지 못했던 세 번째 요소인 상호작용 공정성과 관련이 있다는 것이 특이점이다. 심리적 계약에 있어서 중요한 것은 분배 과정에서 관련된 정보가 충분히 제시되었고, 그 절차가 진행되는 과정에서 조직과 상사로부터 인간적인 대우를 받았느냐는 것이다. 보상을 몰아주는 것은 사실 당하는 사람 처지에서는 그것이 불공정을 디자인한 것이기 때문에 아무리 객관적인 절차대로 합리적인 배분이 이루어졌다고 해도 불만을 가질 수밖에 없고 조직 그리고 리더로서는 사실 이 불편한 사실을 제대로 알리기가 쉽지 않다. 따라서 우리 조직에서 어떻게 하면

---

73 Cropanzano et al, (2007)

성공할 수 있는지 자세히 설명해 주고 조직의 결정에 대해서 실망할 구성원들과 효과적으로 커뮤니케이션하는 것이 중요하다. 단순히 '우리 회사가 이만큼 수익이 났고 이런저런 적법한 절차를 과정을 거쳤으니 주는 대로 받으시요'라는 것이 아닌, 보상이 분배되는 과정에 구성원이 적극적으로 참여해서 의견을 개진하고 그 의견이 유의미하게 반영될 수 있는 프로세스 또한 중요해짐을 의미한다. 그리고 이러한 참여의 과정이 심리적 계약의 중요한 한 부분이 된 것을 의미한다.

결국 구성원들과 노동계약 이상을 넘어서는 무언가를 해보고 싶다면 그래서 구성원의 인게이지먼트가 필요하다면 노동계약뿐만 아니라 심리적 계약이 필요하다. 앞서 사회교환 이론에서 이야기했던 것처럼 구성원이 생각했던 것 이상의 가치를 제공할 때야 비로소 구성원들은 인게이지먼트를 위한 동기부여가 생기기 때문이다. 결국 심리적 계약이라는 이 멋진 아이디어는 구성원의 근무시간을 얻기 위한 노동계약이 아닌, 인게이지먼트를 얻기 위한 심리적 계약을 위해 조직이 스스로 움직일 것을 요구하고 있다.

팀 수준 직무자원:
우리는 일로 만난 사이?!

팀은 공동의 목표를 이루기 위해 상호 작용하는 과업 지향적인 집단을 의미한다.[74] 유재석 님이 MC를 맡는 「일로 만난 사이」가 팀을 설명하는 가장 쉬운 표현이 될 거 같다. 일손이 부족한 곳에 가서 땀 흘려 일하는 단 하루를 위해서라도 일을 하기 위해서 만난 다른 사람들은 서로 도우면서 서로가 가진 능력을 합쳐야만 한다. 그렇기에 팀 내 관계에서 발생하는 리더십 그리고 우수한 상사 및 동료의 존재는 정말 중요한 직무자원이 된다.

리더십

박사 학위를 시작할 때쯤, 대학원 동기 한 분이 자기소개를 하며 자신의 연구 주제는 리더십이라고 한 적이 있었다. 그 소개를 듣고 나는

---

74 Guzzo & Dickson (1996)

속으로 되뇌었었다.

절대 리더십 '따위'는 연구하지 말아야지!

내가 일했던 조직은 리더십교육과 개발 체계가 잘 세워져 있고 운영도 잘하는 곳으로 업계에서 최고의 평판을 받던 곳이었다. 대학교를 막 졸업하고 권위를 인정받은 리더십 개발 자료들을 열어보면서 가슴 설레고 언젠가는 나도 이러한 일을 담당해보고 싶다고 다짐하곤 했었다. 하지만 현실에서 내가 직면했던 리더십에 대해서 느꼈던 좌절감은 이루 말할 수 없었다. 수십 년간 리더십에 엄청난 투자를 해왔다기에는 믿을 수 없을 만큼 나는 리더들의 리더십에 실망했고 리더십은 절대로 후천적으로 개발될 수 없다는 확신을 갖게 되었다. 저거 아무리 열심히 해도 안 되는 거구나 내 인생을 안되는 것을 하면서 낭비하기는 싫었다. 그리고는 리더십을 내 연구 주제에서 지워버렸다. 그것은 얼씬거릴 여지도 없는 금지된 소도 같은 곳이었다.

그러나 연구의 연차가 쌓일수록 결국 사람들이 모여서 만들어진 조직에서 일어나고 있는 여러 문제들의 그 근원에는 리더십이 있음을 알게 되었다. 조직이 변화가 느리고 혁신이 좌초하는 이유를 찾다 보면 종국에는 리더십이 문제로 나온다. 조직 내/간 커뮤니케이션의 문제도 리더십, 다양성과 포용의 조직 문화도 결국은 리더십, 깔때기처럼 모든 이야기의 그 끝은 리더십으로 종결된다. 그런데 그때의 리더십은 내가 안 되는 것으로 생각했던 '개인'의 행동이 아니었다. 리더십은 '조직'의 행동이었다.

전 직장에서 내가 느꼈던 리더십의 한계는 리더의 개인행동의 차원이었다. 우리가 조직에서 만나는 그 어떤 사람도 완성된 인간이 아니다. 매일같이 실수를 저지르고 감정을 다스리지 못해 잘못된 행동과 언행을 선택한다. 그렇기에 개인의 행동을 교정하는 것을 목표로 하는 리더십 개발은 사실 인간이 가지고 있는 인간으로서의 모순을 넘을 수 없다는 한계가 있다. 예나 지금이나 먼 훗날에도 개인 수준의 리더십은 문제가 있을 것이며, 사람들은 리더의 리더십에 실망할 것이다. 그것은 어쩌면 당연할지도 모른다. 사람들은 친구와도, 가족과도, 배우자와도 실망하고 싸우고 헤어지는 것이 우리네 삶이다.

리더십에 대한 오랜 연구를 통해 학자들은 조직의 행동으로서의 리더십을 연구하기 위해 이제 팀 수준의 리더십을 연구하고 있었다.[75] 과거의 개인의 바람직한 리더십 모델(예를 들어 카리스마 넘치는 변혁적 리더의 비전 설정, 경청, 의사결정)을 세워서 조직 내 모든 리더들을 대상으로 교육과 평가를 진행하는 방식을 넘어서 하나의 팀이 어떻게 리더십을 스스로 만들어 나갈 것이냐에 대한 고민이다. 너무나도 복잡한 현대 산업사회에서 리더 한 명의 지식과 지혜를 통해 의사결정을 하고 이것을 사람들에게 지시해서 혁신적인 결과를 만들어가는 방식은 이제 그 한계에 다다르고 있다. 점점 우리의 조직들은 리더에게 집중되어 있는 권한을 조직원들에게 이양하고 리더는 조직 전체의 업무 프로세스를 조직화Orchestration하는 것에 집중하는 방식으로 변화하고 있다.[76]

---

75 Zaccaro et al. (2001)
76 Teece (2016)

더 이상 조직의 목적, 목표, 그리고 비전은 리더 한 명에 의해서 만들어질 수 없다. 리더들은 조직원들이 각기 개개인의 비전에 맞추어 조직의 비전을 함께 공유해야 하며, 리더 한 명에게 집중되었던 정보 역시 구성원들과 충분히 공유되어야 한다. 의사결정 역시도 최종 판단은 리더가 하되 그 판단에 이르는 과정이 공유되어야 하며, 리더 한 명이 슈퍼맨이 될 수 없기에 조직원의 전문성에 기반해서 역할과 책임이 공유되어야 한다. 이처럼 리더십이 공유되면서 만들어지는 과정을 공유 리더십Shared leadership이라고 한다.[77]

리더십이 공유되는 팀 리더십의 과정은 비전, 정보, 의사결정권, 역할 및 책임과 같은 직무자원이 분배되는 과정이고 이렇게 개인에게 주어진 직무자원은 결국 인게이지먼트로 흐르게 된다. 그것이 우리가 리더십에 대해서 여전히 관심을 가져야 하는 이유이며, 내가 리더십에 대해서 잘못 생각했던 지점인 것이다.

상사/동료와의 관계

너 직장에 베스트 프렌드가 있니?

인게이지먼트 수업을 들을 때 UWES와 갤럽 Q12 설문 도구를 비교하다가 맞닥뜨린 질문이었다. 직장에 베스트 프렌드가 있는 것은 무슨 의미일까?

---

77 Carson et al. (2007)

나는 특히 직장에서 상사와 동료 운이 많았다. 입사 첫해부터 참 훌륭한 멘토들을 만나서 일뿐만 아니라 직장인으로의 자세와 사회생활에 필요한 기본적인 자세와 가치관같이, 굳이 가르쳐주시지 않아도 될 다양한 지식과 지혜들을 가르쳐 주었다. 그리고 조직 책임자분들로부터 의미 있는 업무를 부여받고 많은 지원을 받았고 동지애를 넘어서는 끈끈함이 느껴졌던 동기들도 만났으며 조직에서의 인연이 다한 지금까지도 정기적인 모임을 하는 동료들이 있다. 참 행운이었다.

하지만 이런 행운은 정말 극히 드문 케이스에 속한다. 많은 직장인들이 불합리하고 유독한Toxic 그리고 학대하는Abusive 상사와 시기와 질투에 눈이 먼 동료들과 정글 같은 경쟁 속에서 일을 하는 경우가 많다. 사람들이 퇴사를 단행하는 결정적인 방아쇠는 사람 간의 갈등인 경우가 많다. 그렇기에 내 속을 터놓고 이야기하며 잠시 고통 속에서 벗어날 수 있도록 위안이 되는 그래서 문제 해결적 혹은 감정적인 코핑의 기회를 줄 수 있는 친구, 거기에 그에 준하는 리더와 동료의 존재는 정말 중요한 직무자원이 될 수 있다.

넷플릭스(2009)의 Culture Deck을 보면 넷플릭스가 생각하는 가장 일하기 좋은 기업에서 제일 중요한 것은 아침마다 제공되는 에스프레소도, 일식이 제공되는 점심식사, 성대한 파티, 그리고 멋진 오피스가 아닌, 뻑가게 멋진 동료Stunning colleague라고 말한다. 그리고 넷플릭스가 하는 모든 일은 이러한 뻑가게 멋진 사람들을 데리고 오기 위한 것과 관련이 있다고 말한다.

이에 반해 한국 조직에서 사람과 관련해서 자주 회자되어지는 말이 몇 개 있다. 그중에서 정말 틀린 말이라고 지적하면서 빨간펜으로 죽죽 그어버리고 싶은 말이 바로 인재에 대한 폄훼성 발언이다.

'너 떠나도 우리 회사에는 아무 일도 일어나지 않아.
그게 조직이라는 시스템의 힘이지'

　퇴사를 고민하는 사람이라면 누구나 한 번쯤은 들어본 말일 것이다. 하지만 절대 그렇지 않다. 한국 사회처럼 이직 시장이 협소한 환경에서는 빡가게 멋진 혹은 최소한 평균적인 수준의 후임자를 찾는 것은 정말 어렵다. 또한 신입사원을 키워서 다시 그만한 수준의 역량 수준으로 올리는 데에는 너무 많은 시간이 걸린다. 이렇게 빡가게 멋진 사람들이 하나둘씩 떠나가고 조직에 그냥 평균적인 사람들로 넘쳐날 때 조직은 반드시 쇠퇴하게 되어 있다. 쇠퇴하는 데까지 시차가 나서 당장 눈으로 그 차이를 알기 어렵고 즉각적으로 피부로 느낄 수 없을 뿐이다. 이직이 잦은 미국에서는 핵심 인재가 한 명 퇴직하고 나서 제품/서비스가 망가지고 우르르 다른 직원들도 줄 퇴사하는 것을 쉽게 볼 수 있다.

　한국 사회는 지난 경제 성장의 기간에 인재가 넘쳐나는 시절을 살았다. 개개인이 보유한 재능과 능력 대비 사람의 가치가 너무 저렴했고 그러다 보니 사람을 존중하지 않고도 성장을 해올 수 있었다. 하지만 출산율은 감소하고 글로벌 노동시장으로 나가는 문은 열려 있는 지금 그러한 접근으로는 인재를 채용하기 위해 전 세계적인 인재 쟁탈전이 벌어지고 있다는 소위 인재전쟁War for talent에서 반드시 패배하게 되어 있다. 이제 우리는 우리 조직이 빡가게 멋진 사람들로 어떻게 넘쳐나게 할지를 심각하게 고민해 보아야 한다. 사람 막 데려다 쓰던 인간 시장이 성하던 시절은 이제 파장으로 향해 가고 있다.

직무 수준 직무자원:
자율성을 추앙하라!

「일로 만난 사이」에서 소수의 인원으로 진행되는 단 하루의 프로젝트와는 달리 규모가 있는 큰 조직에서의 일이란 훨씬 더 많은 사람이 관여하는 복잡하고 장기적으로 진행되는 프로젝트일 가능성이 크다. 그리고 이러한 복잡성과 장기적인 관점은 일을 하면서 상호 의존Interdependence의 수준을 증가시키기 때문에 일을 어떤 방식으로 해야 하는지에 대한 고도의 직무 설계Job design가 필요하다. 이러한 직무 설계의 핵심 중의 하나는 각 구성원의 자율성의 범위를 설정하는 것이다.[78] 따라서, 자율성에 초점을 맞추어 직무 수준의 직무자원과 인게이지먼트의 관계를 보고자 한다. 이 책에서 계속해서 자율성이 언급되는 것에서 간파하셨을 수도 있는데 나는 정말 이 자율성이 조직 그리고 그 조직에서의 사람들의 심리, 그리고 그들의 인게이지먼트를

---

78 Humphrey et al. (2007)

위해 가장 중요한 직무자원이라고 생각한다.

자율성

'*인간은 자유롭게 태어났으나 어디서든지 속박받는다.*'
-루소-

적지 않은 나이에 직장을 그만두고 어떻게 유학을 생각할 수 있었냐는 질문을 가끔 받고는 한다. 그러면 나는 미드 〈굿 와이프〉의 대사를 인용해서 한결같이 답하고는 한다.

"*나는 행복한 삶을 원했고*
내 운명은 내가 컨트롤하고 싶었어요."

그리스의 역사가인 투키디데스는 행복의 비결은 자유라고 이미 이천 오백여 년 전에 이야기했다고 한다. 사실 군이 잘 알지도 모르는 누군가의 말을 빌리지 않아도 행복은 자유에 있다는 걸 우리는 쉽게 느낄 수 있다. 코로나로 집에만 있어야 하는 상황에서 자유롭게 동료들과 학생들을 만나고 움직일 수 있던 자유가 그리웠다. 팬데믹으로 자유를 잃고나서 아무리 긍정적으로 생각하려고 몸부림쳐도 내 삶의 행복도 일에서의 인게이지먼트도 확연히 낮아졌었다.

조직 연구에서는 인간이 일에서 느끼는 자유를 직무 자율성Job autonomy 혹은 직무 통제Job control라는 개념으로 오랜 기간 연구해 왔다. 자율성은 앞서 2장에서 논의한 일에서 인간이 느낄 수 있는 다섯 가지 직무 특성(기술 다양성, 과업 정체성, 과업 중요성, 자율성, 피드백)의 하나로 인게이지먼트와 관련해서 가장 중요한 직무자원이다.[79] 자율성은 나의 일을 나 스스로 통제할 수 있는 능력으로 일을 하는 데 있어서 쓰는 방법, 절차, 일정 등에 대한 재량권을 내가 얼마나 가지고 사용할 수 있느냐로 가늠된다. 사람들은 다른 사람의 통제가 아닌 자신만의 의지로 일하는 방식을 스스로 정하고 싶어 한다. 그리고 내가 정한 나만의 규칙으로 상황을 통제할 수 있다는 생각이 들 때 인게이지먼트를 느낄 수 있다고 알려져 있다.[80] 이처럼 무언가 자신이 원하는 것을 향한 자율성을 적극적 자율성이라고 한다.[81]

하지만, 모든 사람이 이러한 적극적인 자율성을 즐기는 것은 아니다. 일에서의 자율성은 기본적으로 모호성을 동반하게 된다. 내가 내 뜻대로 무언가를 하다 보면 앞으로 어떻게 해야 하는지 정확히 알기 어려울 때가 있다. 사다리를 타고 마음껏 올라왔는데 어느 순간 더 짚을 것이 없고 그렇다고 내려가기에는 너무 많이 와버렸는데, 도움을 줄 수 있는 사람은 아무도 없다. 이러한 상황에서 적극적 자율성을 즐기는 사람은 사다리를 더 위로 만들어 내든지, 옆에 있는 다른 사다리로 갈아타던지 그도 저도 아니면 안전하게 뛰어내릴 방도를 어떻게든 찾아낸다. 그리고 이 모호한 순간에 적극적 자율성을 통해서 나오는 새로운 아이디어가 창의와 혁신의 씨앗이 될 가능성도 크다. 하지만 누군가는 그냥 위에서 내려준 사다리대로 별다른 고민 없이 나에

79 Hackman & Oldham (1976)
80 Lesener et al, (2020)
81 에리히 프롬 (2020)

게 준 역할만큼 올라가는 것에만 관심이 있는 경우도 많다. 이렇게 내게 주어진 범주 안에서의 자율성을 선호하는 것을 소극적 자율성이라고 또한 부를 수 있을 것이다. 이처럼 자율성이라는 하나의 개념 아래에서도 꽤 넓은 스펙트럼이 있는데, 산업의 특징이나 업무 맥락에 따라 자율성을 요구하는 상황이 다르므로 무엇이 좋다고 이야기하기는 어려운 측면이 있다. 관료제 조직에서는 잘 짜인 규율을 엄격히 따르면서도 그 안에서 운용의 묘를 잘 살릴 수 있는 경우라면 소극적 자율성이 선호될 수 있고, 이제 막 시작하는 IT 벤처 기업에서는 적극적 자율성이 중시될 것이다.

중요한 것은 어떤 수준이든 간에 자율성은 외부 환경과 다른 사람과의 상호작용의 와중에 예민하고 변덕스럽게 변하면서 개인의 동기부여에 영향을 줄 수 있다는 것이다. 자율성이 외부의 압박 때문에 침해받을 때 개인은 급격히 동기부여를 잃게 된다. 내 일인데 누가 이래라저래라 하면, 짜증이 나는 것은 당연지사. 학창 시절, 조금만 놀고 열심히 공부하려고 여러 가지 계획을 세웠다가도 지나가던 누가 '그만 놀고 공부 좀 해라'라는 핀잔을 한다면, 갑자기 모든 게 하기 싫어지고는 했다. 나는 누군가에게 잔소리를 들어야 하는 그런 사람이 아닌 자유인이기 때문이다! 그리고 더 가열차게 놀면서 나의 자유의지를 만끽하고는 했다.

하지만 조직에서 나의 생사여탈권을 쥐고 있는 임원이나 상사로부터 업무에 대한 지시가 있을 때, 다른 의견을 이야기하며 자신의 뜻을 주장하고 그것을 관철하기란 엄청난 용기가 있어야 하는 어려운 일이다. 그냥 별생각 없이 윗분들이 말한 대로 따라가면 되겠지, 내가 아무리 전문가라고 해도 반드시 나의 주장이 꼭 맞는다는 보장도 없는데 괜히 지시에 토 달았다가 불쾌한 핀잔을 듣거나, 나의 의견이 운 좋게 받아들여진다고 해도 성공은 함께 공유하고 실패의 모든 책임을 덤터기 쓰는 상황을 만들고 싶지는 않은 것이다. 그렇기에 자율성과 그러한 자율성을 토대로 한 일에 대한 인게이지먼트의 중요한 선행 요인을 심리적 안전감Psychological safety이라고 한다.

보스턴 대학의 칸 교수는(1990) 인게이지먼트의 시발점이 되었던 역사적인 논문에서 인게이지먼트를 위한 조건으로 심리적 안전감의 중요성을 강조했다. 심리적 안전감이란 구성원들이 자신에 대한 이미지, 처우, 경력에 부정적인 영향을 미칠 것이라는 두려움 없이 자기 자신을 표현할 수 있는 느낌을 말한다. 이러한 심리적 안전감이 없는 자율성은 안전장치도 없이 사람들을 벼랑 끝으로 밀어내고 있는 것과 진배없다. 심리적 안전감이 없을 때 구성원들은 침묵하고 그 누구도 자유롭게 자신의 의견을 개진할 수가 없다.

미국 특히, 실리콘 밸리의 조직문화는 자율성을 중시하고 이를 바라보는 외부인들은 그러한 자율성을 추앙한다. 넷플릭스의 규칙 없음, 테슬라의 안티-핸드북 핸드북Anti-handbook handbook을 보면 얼마나 이러한 테크 회사들이 구성원들에 대한 자율성을 강조하는지를 쉽게 알 수 있다. 테슬라의 안티-핸드북 핸드북에서 문제가 있으면 일론 머스크 CEO에게 직접 이메일을 보내라는 문구는 정말 인상적이었다. 사실 나도 우리 학교 총장에게 절대 이메일을 바로 보낼 수 없다. 우리 학과장은 이런 걸 엄청나게 싫어한다.

하지만 이러한 회사들의 글래스도어 리뷰를 보면 해당 기업들이 얼마나 살벌하게 성과 평가를 한다는 것을 알 수 있다. 무한대의 자유를 주는 대신 책임도 무한대로 돌아온다. 드라이브의 저자 다니엘 핑크(2011)는 이것을 Results Only Work Environment[ROWE, 성과 집중형 업무 환경]라고 한다. 뭘 하든 상관하지 않고 오로지 성과만으로 평가하겠다는 것이다. 자유롭게 결정한 결과가 좋지 않으면 또 쉽게 내쳐지는 것이 실리콘밸리의 문화다. 글래스도어의 넷플릭스에 대한 대표적인 리뷰를 한번 보자. 과연 알려진 대로 자유와 책임의 문화 그리고 우수한 사람들이 많은 조직이지만 더불어 성과를 내지 못한 구성원에 대해서는 가혹함을 느낄 수 있다.

장점(Pros)

- 실무에서의 자유와 책임의 문화 당신이 최고의 일을 할 수 있는 공간을 가능하게 해 준다 (68 리뷰)
- 재택 근무, 좋은 월급, 친절한 스탭 (47 리뷰)
- 가족들을 위한 복리후생, 공짜 음식, 광범위한 훈련, 멋진 파티와 휴게실, 일하기 좋은 환경 (43 리뷰)
- 진짜 똑똑한 사람들과 위대한 문화 (40 리뷰)
- 훌륭한 혜택과 함께 사회적으로 자각도 있는 회사 (38 리뷰)

단점(Cons)

- 성과를 내지 못하면 사람들을 지속적으로 해고 (58 리뷰)
- 일과 삶의 균형을 잡기가 힘겨움 (37 리뷰)
- 두려움의 문화 (34 리뷰)
- 장기 근무시간과 가혹한 문화(32 리뷰)
- 다른 직무나 고위직으로의 이동기회가 적음 (29 리뷰)

실리콘 밸리의 이러한 무한대의 자율성을 기반으로 한 성과주의 문화도 미국의 거대한 노동시장이 있기 때문에 가능하다. 미국의 경우 1957년에서 64년 사이에 태어난 베이비붐 세대의 경우 일생동안 평균적으로 12.4회 정도 직업을 경험한 것으로 조사되었다.[82] 그리고 사실상 국가를 바꾸는 수준의 주를 바꾸는Interstate 이직의 경우 아무리 레퍼런스 체크를 잘하려고 해도 채용 예정자의 성과의 이면에 있는 실체를 모두 파악하기에는 한계가 있다. 이러한 거대한 이직 시장 덕에 사람들은 리스크를 걸어 성공이든 실패든 자신의 몸값을 높여 다른 곳으로 이직할 수가 있다.

이와 다르게, 한국처럼 이직 시장의 규모가 상대적으로 크지 않으면 이렇게 무한대의 자율성을 펼치기는 쉽지 않다. 캐빈 베이컨의 법칙은 미국에서는 여섯 다리를 건너면 모든 사람과 사람이 연결이 된다고 하지만 한두 다리 건너면 모르는 사람이 없는 한국에서는 한 번의 실패는 오명이 되고 낙인이 된다. 미국에서는 한 번 실패를 해도 주와 회사를 바꿔 다시 시도해 볼 다음 기회가 있지만, 아직도 많은 사람들이 한 지역 그리고 한 직장에서 오래 근무하는 한국에서 실패를 기꺼이 감수하고 자율적으로 일하고 또 그러한 실패를 성공으로 봐주기가 어려울 수 있다. 우리는 아직 모든 것이 절박하고 모든 것이 간절하다. 귤이 회수를 넘으면 탱자가 된다는 말처럼 자율성이 진정 의미하는 바가 한국과 미국이 전혀 다를 수 있다는 것이다.

인간은 자유를 원한다. 이론과 연구에서는 자유를 얻은 인간이 일

---

82 미국 노동부 (2021)

에 인게이지먼트 할 수 있다고 이야기한다. 하지만 나는 조직에서 일하는 사람들을 위해서는 학문적 정의 그 이상의 것이 이 자율성이라는 개념에 있어야 한다고 생각한다. 조직에서의 자율성은 그냥 마음대로 하라는 혹은 마음대로 할 수 있는 것을 의미하는 것은 아니다. 조직에서의 자율성이라는 것은 조직의 어떤 시스템이 있고 그 시스템이 운영되는 프로세스에서 구성원이 기댈 수 있는 규정을 기반하여 내가 자율적으로 선택할 수 있는 것이라고 생각한다. 그리고 거기에 나의 완벽하지 않은 생각들을 다른 사람과의 논의를 거쳐 가는 과정이라고 생각한다. 구성원들의 적극적 자율성을 원한다면 그 이전에 그것이 가능할 수 있는 환경과 시스템을 만들어 놓아야 한다는 것이다. 자기결정이론Self-determination theory에서는 내가 스스로 결정을 내릴 수 있는 자율성에 더해 그러한 환경을 주도할 수 있는 능력 그리고 다른 사람들과 충분히 소통하고 있다는 연결성을 강조한다.[83] 내가 자율적으로 결정한다고 할지라도 내가 그 결정 이후에 더 이상일을 진행할 수 없다면 그리고 그런 나의 결정이 동료와 상사로부터지지받지 못한다면 그건 아무 의미 없는 자기 결정이기 때문이다.

이러한 자율성의 또 다른 측면을 하버드 대학의 란제이 굴라티 (2018) 교수는 프레임워크 내의 자유Freedom within a framework라고 말한다. 아무런 가이드도 없이 자율적으로 해보라고 구성원들을 등 떠미는 것은 자칫 이곳은 시스템이 없는 조직이라는 의미가 될 수 있다. 조직이 가고자 하는 방향을 명확히 하고, 그 가는 길에 반드시 성취해

---

83 Deci & Ryan (1985)

야 하는 목표들, 그리고 기본적으로 고수해야 하는 원칙들을 명확히 하며 구성원들이 마음껏 뛰어놀 수 있는 범위를 정해주는 것이 필요할 뿐만 아니라 종국에 어떤 문제가 발생해도 조직이 뒤에서 커버를 쳐 줄 것이라는 심리적 안전감까지. 만약 구성원들이 인게이지먼트를 경험할 수 있도록 자율과 창의가 넘치는 조직을 만들기를 원한다면 그에 걸맞은 프레임워크가 있는지 혹은 맨땅에 헤딩을 강요하는 것은 아닌지를 가늠해 보아야 할 것이다.

넷플릭스가 생각하는
가장 일하기 좋은 기업에서
제일 중요한 것은
아침마다 제공되는 에스프레소도,
일식이 제공되는 점심식사, 성대한 파티,
그리고 멋진 오피스가 아닌,
뻑가게 멋진 동료STUNNING COLLEAGUE라고 말한다.

직무요구:
도전 혹은 방해

한 개인이 스스로 감당하기 어려운 그래서 번아웃과 같은 부정적인 결과들을 야기할 수 있는 근무 조건의 묶음을 직무요구라고 한다. 우리를 힘겹게 하는 직무요구는 몇 개 없었으면 좋겠지만 안타깝게도 참 수많은 다양한 것들이 있다.[84] 그 다양한 직무요구들을 최대한 추려서 도전Challenge적인 그리고 방해Hindrance되는 직무요구로 나누어 살펴보고자 한다.[85]

도전적인 혹은 방해되는 직무요구

영어에서 아무 때나 써도 괜찮은 단어가 있다. 그중에서 대표적인 단어가 'Challenge'다. 영어 사전에는 도전, 이의를 제기하다, 싸움을 걸다 같은 긍정적일 수도 있고 부정적일 수도 있을 것 같은 단어인 것

---

84 Schaufeli & Taris (2014)
85 Cavanaugh et al. (2000)

같지만, 일반 회화에서는 어렵지만 도전해 봄 직한 상황을 의미하거나 부정적인 상황을 긍정적으로 재정의할 때 많이 쓰인다. 그래서 뭔가 좀 안 좋은 감정을 이야기하고 싶은데 직접적으로 부정적인 단어를 쓰고 싶지 않을 때 쓰기 좋다. 정말 나를 화딱지 나게 만드는 고약한 학생을 지칭할 때 '그 학생은 정말 끔직해요Terrible.' 보다는 '그 학생을 가르치는 건 참 도전적이에요Challenging.'라고 말하는 것이 미국식 영어의 완곡 표현이다. 이처럼 도전적인 직무요구는 되도록 맞닥뜨리고 싶지는 않지만 그래도 인게이지먼트의 계기가 될 수 있는 기회를 주고 나를 성장시킬 수 있는 직무요구들을 말한다. 이와 반대로 영어에서 어디에다가 써도 좋은 의미가 되기 힘든 단어가 세금Tax이다. 그렇지 않은 나라가 없겠지만 미국 사람들의 세금에 대한 혐오는 가히 상상을 초월하는데 아무리 발버둥을 쳐도 피할 수도 없는 세금처럼 나의 인게이지먼트를 갉아먹을 가능성이 농후한 육체적으로 정신적으로 아주 힘든Taxing 직무요구를 방해되는 직무요구로 구분한다.

　대표적인 도전적인 혹은 방해되는 직무요구의 하나는 시간 압박Time pressure이 있다. 시간 압박은 참 재미있는 직무요구인데 나의 경우에는 시간 압박을 느끼면 즉, 데드라인이 다가오면 마음이 불안해지면서 오히려 집중이 안되고 짜증이 나면서 좀처럼 인게이지먼트를 만나기 힘든 경향이 있다. 그래서 시간 압박을 느끼지 않도록 납기 그 이전에 일을 먼저 끝내놓고 천천히 마무리하면서 납기일에는 최종 검수만 하고 일을 마치는 것을 훨씬 선호한다. 하지만 이 모든 일정이 내 뜻대로 되는 건 아니어서 내게 있어 가장 방해되는 직무요구란 시간의 압박을 느끼면서 일하는 것이고 이는 내 인게이지먼트에 엄청난 부정적인 영향을 미친다. 그래서 나는 내가 컨트롤 할 수 없는 마감이 있는 일을 선호하지 않는다. 하지만 아내는 오히려 시간의 압박을 느껴야 인게이지먼트를 경험한다. 납기일이 다가오고 압박을 느껴야만 새롭고 창의적인 생각들이 마구 떠오르고 납기일 1분전에 초치기로 이메일을 보내고 나면 뭔가 스릴 같은 걸 느끼면서 일에 있어 성취감을 느낀다는 것이다.

역할 모호성Role ambiguity도 어떤 측면에서 도전적인 혹은 방해되는 직무요구로 분류될 수 있다. 역할 모호성은 개인이 명확하지 않은 업무 상황에 놓이는 정도로 일에 대한 업무 지시가 명확하지 않고 정확히 어떤 일을 해야 하는지 잘 모르는 상황을 말한다. 개인적으로 나는 이러한 역할 모호성을 즐기고 기회로 보는 편이기 때문에 어려움이 없는 것은 아니지만 그래도 높은 인게이지먼트를 경험한 적이 많다. 일이 명확하지 않은 상황은 항상 새로운 기회를 만들어 낼 수 있는 일을 맡을 가능성이 크기 때문이다.

물론 다를 수도 있다. 직무 설계와 업무 시스템이 잘 갖추어진 대기업에서 새로운 도전을 위해 이제 막 성장하는 조직으로 이직을 하신 분들을 만나게 될 때면, 이구동성으로

"각오는 했지만 시스템이 너무 없어요. 매일같이 맨땅에 헤딩하는 기분이에요. 업무 분장도 명확하지 않고 되는 일도 없고 안 되는 일도 없어요."

라고 어려움을 호소하고는 한다. 이런 경우는 역할 모호성이 방해되는 직무요구가 된다.

도전적인 직무요구일 여지가 거의 없는 방해되는 직무요구에는 고용 불안정성Job insecurity가 있다. 고용 불안정성이란 내가 하는 일을 미래에도 지속될 수 있을 거란 확신에 대한 주관적인 인식으로 고용 불안정성이 높을수록 에너지 짜내는 프로세스를 탈 가능성이 농후한 대표적인 방해되는 직무요구이다. 고용 불안전성은 조직과 일에 대한 헌신을 되갚아줄 가능성이 없을 것임을 조직이 보내는 신호로 구성원의 입장에서는 사회적 교환의 개념에서 인게이지먼트를 다할 의무가 없기에 일에서 의미를 찾을 수 없고 일은 그저 호구지책을 위한 노동이 되어버린다. 더 최악은 조직에 대한 헌신을 갚아줄 것처럼 희망고문을 하면서 고용 안정성을 빌미로 계약된 것 이상의 인게이지먼트를 요구하더니 계약 기간이 끝나면 언제 그랬냐는 듯 헌신짝처럼 버리는 양태이다.

특히, 감정 노동으로 대표되는 서비스 산업에서의 근로자들에 대한 고용 불안정성은 높은 수준의 업무 관련한 피로감을 증대시킬 수 있다. 이는 스트레스를 야기하는 두 개 이상의 직무요구를 동시에 경험할 때(좀 더 약한 스트레스가 완화되거나 지연되지 않고), 각각의 직무요구가 서로를 더욱 자극해서 더 큰 스트레스를 만들어낼 수 있다는 것이다. 즉, 고용 불안정성이 다른 경제적이거나(예를 들어, 고객 감소로 인한 급여 감소), 신체적이거나(교대 근무 증가) 심리적이거나(고용 불안으로 인한 효능감 감소) 사회 관계적인(경쟁으로 인한 동료와의 갈등) 직무요구를 자극해서 훨씬 더 강한 스트레스를 만들어 낼 수 있다.[86] 그리고 이로 인한 인게이지먼트의 저하는 높은 이직 의도와 낮은 성과를 일으킬 수밖에 없다.

일과 가정의 갈등Work-family conflict은 인게이지먼트를 위해 점점 더 그 중요성이 강조되고 있는 방해되는 직무요구다.[87] 이는 일과 가정 두 독립적으로 보이는 영역이 사실은 서로에게 밀접한 영향을 줄 수 있다는 일-가정 전이Spillover 효과에 기인한다. 즉, 한 영역에서의 긍정적 혹은 부정적인 행동, 분위기, 스트레스, 그리고 감정이 다른 영역에 영향을 줄 수 있다는 것으로 이러한 전이 효과는 일 ⇨ 가정 부정적 전이, 일 ⇨ 가정 긍정적 전이, 가정 ⇨ 일 부정적 전이, 가정 ⇨ 일 긍정적 전이로 나뉠 수 있다.

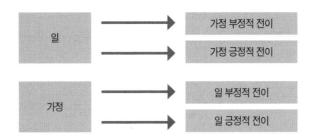

일 ⇨ 가정 부정적 전이는 일에서 느끼는 강한 압박으로 인해 가정에서의 역할과 책임을 다하지 못하는 것인데 야근으로 인해 중요한 가족 모임에 참석하지 못하거나 회사에서의 스트레스를 집에 와서 애먼 가족 구성원들에게 화풀이하며 쏟아내는 행동 같은 것들을

---

86 De Witte & Näswall (2003)
87 Siu et al. (2010)

말한다. 가정 ⇨ 일 부정적인 전이는 가족에 대한 책임을 다하다 보니 일을 하는 데 있어서 문제가 발생하는 경우로 아픈 가족 구성원을 간호하느라 어쩔 수 없이 회사에서 생산성이 떨어지는 경우가 이에 해당한다.

이러한 일과 가정 사이의 부정적인 전이 효과는 자연스럽게 인게이지먼트에 악영향을 미치는데, 이와는 다르게 일과 가정 사이의 긍정적인 전이 효과가 가능하다고 보는 관점도 있다. 그것은 한 영역에서 느끼는 불만족을 다른 영역에서 얻는 보상을 통해 상쇄시켜 버림으로써 일과 가정의 관계를 긍정적인 상호관계로 만들어 낸다는 것이다.[88] 일터에서 극심한 스트레스를 받다가도 집에 돌아와서 아이들과 퀄리티 타임을 가짐으로써 인게이지먼트를 위한 에너지를 재충전하는 것이다. 이처럼 방해되는 직무요구인 일과 가정의 갈등을 도전적인 직무요구인 일과 가정의 풍요Work-family enrichment로 전환시킬 수 있도록 적절한 직무자원(예를 들어, 유연 근무제, 유치원 운영과 같은 가족 친화적인 인사 정책, 리더와 동료의 지원 및 직무 자율성을 존중해 주는 조직 문화)을 제공하는 것이 중요하다.

---

88 Rothbard (2001)

인게이지먼트와
성과 혹은 혁신성과의 관계

"행복한 직원이(행복하지 않은 직원보다) 더 좋은 성과를 낸다."

행복해지고 싶어서 그래서 인게이지먼트를 경험하고 싶은 구성원들과는 다르게 경영자의 측면에서 보면 인게이지먼트에 대한 관심은 행복한 직원이 그렇지 않은 직원보다 더 높은 성과를 낼 수 있다고 생각하기 때문이다. 이 명제는 돈을 더 많이 주면 성과가 난다는 명제가 횡행하던 시절을 생각해 보면 이 어려운 와중에도 그래도 인류가 여전히 진화하고 있다는 것을 보여주는 것 같은 생각이 들기도 한다. 이러한 인식의 전환은 임금의 상승분이 성과의 상승분을 넘지 못하면서 즉 임금을 아무리 많이 줘도 성과를 높이는 데에는 한계가 있다는 걸 알게 되면서, 그렇다면 더 높은 성과를 만들어 내기 위해서 도대체 무엇이 필요하냐에 대한 고민의 결과였다. 즉, 인게이지먼트가 높은 구성원은 일에 적극적이고 주도권을 잡으려고 하고, 높은 목표를 설정하면서도 자신감에 넘치고, 굳이 누가 뭐라고 하지 않아도 스스로 동기부여 되어 있고, 아무리 상황이 어려워도 즐기면서 일하고, 누구에게나 친절하고 협력을 잘하며, 신체적으로도 건강하기 때문에 높은 성과를 만들어 낼 수 있다는 것이다.[89]

진짜 그럴까? 그런데 성과는 생각보다 좀 복잡한 개념이다.[90] 개인의 성과는 크게 나에게 주어진 역할 내In-role 성과, 내게 딱히 주어진 건 아니지만 그래도 내가 하면 여러모로 좋은 역할 이외Extra-role의 성과로 나뉠 수 있다. 역할 내 성과란 조직의 성과를 달성하기 위해 공식적으로 내게 규정된Prescribed 일에 대한 행동과 결과를 말한다. 역할 내 성과의 대표적인 특징은 규정된 일을 성공적으로 수행했을 때 보상받을 수 있고 그렇지 못했을 때는 처벌을 받을 수 있다는 점이다. 역할 이외의 성과는 조직의 기능을 향상시킬 수 있는 구성원의 자유 재량에 의한 업무와 관련된 행동들을 말한다. 대표적인 역할 이외의 성과로는 조직 시민 행동Organizational citizenship behavior이 있다. 조직 시민 행동은 공식적으로 내게 주어진 일도 아니고 이러한 행동을 한다고 해도 보상이나 처벌을 받는 것도 아니지만 조직의 성공을 위해 자발적으로 하는 행동들을 말한다. 신입사원을 위해 멘토링을 자청한다던지, 조직의 자산이나 비품을 내 것처럼 아껴 쓰는 행동들이 그 예가 될 수 있다.

이러한 전통적인 성과의 종류 이외에, 최근에는 성과에 대한 구분

---

89 Bakker et al. (2012)
90 Kwon & Kim (2020)

으로 혁신Innovation을 꼽는 경우가 많아졌다. 개인의 혁신적인 행동이란, 조직의 효과성, 사업에서의 성공, 그리고 장기적인 조직의 지속가능성을 위한 구성원의 '의도적인' 참신한 아이디어를 제안하고 적용하는 행동을 말한다. 과거에는 개인의 자유재량에 따른 역할 이외의 성과로 구분되던 혁신성이 점점 더 구성원의 의무로 부여되고 있지만 공식적으로 직무 명세서에 규정하여 직무 평가하기에는 어려운 점이 많아서 역할 내 성과로 구분하지 않고 제3의 성과로 간주하는 것이다.

최신 연구들의 결과는 인게이지먼트와 성과의 관계에서 바로 이 혁신성에 주목하고 있다. 직무에서의 역할 내 성과는 제대로 측정하는 것은 점점 어려운 일이 되어가고 있다. 오죽하면 기존의 성과 평가 방식을 폐지하는 조직들도 많이 늘어나고 있다. 요즘처럼 외부 환경이 급변하는 시대에 시장을 제대로 예측하고 이에 따른 업무 목표에 대한 달성률을 따지기가 쉽지도 않고, 여전히 측정에 있어서 사람들이 가지고 있는 편견은 공정한 평가에 대한 기대를 낮게 만든다. 사실 빠르게 변화하는 시대에 있어 민첩하게 대응하는 조직을 만들고 운영하길 원하는 경영진은 기존에 규정된 성과뿐만 아니라 빠르게 시장에 접근할 수 있도록 실행할 수 있는 아이디어로 새로운 방향으로 업무를 수행할 수 있는 구성원의 혁신적인 행동이 필요하기 때문이다.

개인의 혁신적인 행동은 크게 세 단계가 있다고 도식화된다. 첫 번째는 아이디어를 만들어 내는 제안의 단계이다. 정부의 규제가 바뀌었을 때, 고객의 새로운 요구가 있을 때, 새로운 기술이 도입되었을 때, 조직의 내부 프로세스에 모순이 생겨서 사업이 진행이 안 될 때

등 우리가 맞닥뜨리는 많은 문제의 상황에서 이를 해결하기 위한 아이디어를 제안하는 단계이다. 아이디어 제안 단계에서 사람들은 기존의 관성Status quo과 틀에 얽매이지 않는 인지적인 유연성 및 확장 능력 그리고 새로운 제도를 공식화해 낼 수 있는 고도의 인지적인 집중을 요구받는다. 이러한 아이디어 제안 단계에서 인게이지먼트의 인지적 에너지인 심취와의 연계성을 찾을 수 있다. 새로운 아이디어 제안을 위해서는 몇 시간의 몇 분처럼 느껴지는 시간의 왜곡 현상이 나타나는 고도의 집중 상태인 심취된 상태가 요구된다.

사람들이 관심을 갖는 혁신성이라는 것은 아이디어 제안 단계에서 얼마나 멋진 아이디어를 만들 것이냐에 있다. 한때 디자인 씽킹 Design thinking 방법론을 통해 아이디어 제안 워크숍을 진행한 적이 있었다. 그때 느꼈던 경험은 아이디어의 제안만큼 혹은 그보다 더 중요한 것은 이 연약한 아이디어를 살려내서 조직 내에 뿌리를 내릴 수 있도록 아이디어를 홍보하고 촉진 시키는 것이라는 것을 느꼈다. '미래는 이미 와 있다. 아직 퍼지지 않았을 뿐'이라는 이야기처럼 사실 멋진 아이디어는 우리 주변 도처에 존재한다. 하지만 조직 내에서 이렇게 좋은 아이디어들이 결국 어딘가에 천착하지 못하고 버려지는 이유는 이를 지지해 주고 그 실행의 과정을 함께 할 사람들을 설득하기 어렵기 때문이다. 그리고 이 지난한 설득의 과정에 사람들은 지쳐 나가떨어진다. 무관심과 냉대, 때로는 적대 속에서도 자기 일에 애착을 두고 포기하지 않고 앞으로 나갈 수 있는 정서적인 에너지는 바로 전념에서 나온다. 자기 일에 의미를 찾아가면서 일에 대한 강한 동질감을 느끼는 전념이 아이디어의 진흥을 위해서 요구되는 것이다.

마지막으로, 세상에서 처음 선을 보인 것 같은 따끈따끈한 아이디어가 조직의 전폭적인 지원 속에 현실화하는 것은 영화에나 나올 법할 아름다운 스토리다. 대개, 혁신의 과정은 지저분하고, 수없이 되풀이되고, 많은 경우에 한 단계 전진했다가 두 단계 퇴보하는 지난한 과정이다.[91] 이게 과연 되기나 할까? 이거 안되면 어떻게 하지? 그러한 두려움으로 점철된 지속적인 심리적인 스트레스 그리고 예측할 수 없이 튀어나오는 여러 문제를 어떻게 어떻게 수습하다 보면 누적된 피로들로 인해 쉽게 에너지 짜내는 프로세스로 빨려 들어가기 십상이다. 이러한 지난함 속에서도 힘을 잃지 않고 완주할 수 있는 힘, 그것은 바로 인게이지먼트의 신체적 에너지인 활력이다.

이런 관점에서 나는 행복한 직원이 성과도 좋다는 명제를 인게이지먼트 관점에서 해석해 보면 행복한 직원은 그렇지 않은 직원보다 혁신적이고 그러한 혁신적인 사람들이 많은 조직일수록 성과를 낼 수 있는 조직이라고 생각한다. 무언가 혁신적인 조직을 만들고 싶다면 그래서 시장을 선도하고 싶다면 인게이지먼트가 높은 직원들이 혁신적인 행동을 할 수 있는 그런 사명이 이끄는 조직을 만들어 보기를 제안한다.

---

91 Anderson et al. (2014)

"행복한 직원이
(행복하지 않은 직원보다)
더 좋은 성과를 낸다."

인게이지먼트의 화신, 에린 브로코비치

지금까지 인게이지먼트의 속내에 대해서 이모저모를 알아보았다. 그런데 막상 열심히 여기까지 온 분들의 생각 속에 아직도 인게이지먼트는 눈에 잡히지 않는 그 무엇일 것 같은 노파심이 든다. 그런 경우를 위해 영화 속 인물을 통해 인게이지먼트의 구체적인 예를 들어보려고 한다. 인게이지먼트의 화신과 같은 인물을 그린 한 영화가 있다. 바로 〈에린 브로코비치〉다. 에린 브로코비치라는 인물의 극적인 삶의 여정을 그려낸 이 영화에는 한 개인이 성장하면서 경험하는 인게이지먼트가 고스란히 담겨 있다.

에린 브로코비치는 세 명의 아이를 키우고 있는 싱글맘이다. 고등학교를 졸업하고 잠시 일을 한 적은 있지만 아이들을 낳고 키우면서 6년 동안 경력이 단절된 상태이며, 두 명의 전남편들로부터 제대로 된 양육비를 받지 못하고 있어 보인다. 그녀의 계좌에는 16불이 남아 있고, 집에는 바퀴벌레가 돌아다닌다. 이러한 상황에서 에린은 처절히 생존을 위해 발버둥 친다. 영화 초반에 일을 구하기 위한 인터뷰에서 에린은 본인이 무엇이든지 잘 할 수 있다고 이야기한다.

"나는 사람들하고 잘 지내요.
당신이 나를 관찰한다면 알게 될 거예요. 나는 진짜 빨리 배워요.
당신이 연구실에서 내가 해야 할 일을 보여준다면,
나는 할 수 있어요."

하지만, 당연히도 그녀는 일을 구하지 못한다. 그녀는 점점 자신감을 잃어가고 있었다. 팍팍한 현실 앞에 에린의 몸과 마음은 닳아가고 있고 이러한 에린의 심리는 긍정심리자본에서의 긍정성의 부재를 보여주고 있다. 앞서 살펴본 바와 같이 긍정성은 내가 설혹 능력이 없더라도 역경을 도전으로 바라보면서 문제를 해결함으로써 새로운 기회를 모색할 수 있는 긍정적인 심리상태를 말한다. 이 영화의 초반부에 에린은 그야말로 자포자기한 상태였다. 세 명의 아이를 키우는 가난한 이 싱글맘은 그 누구로부터의 도움과 관심을 받지 못한다. 그래서인지 그녀는 옆집 남자 조지에게 이렇게 이야기한다.

"나는 미스 위치타였어요. 내가 이야기했었나?
네 옆집에는 진정 살아있는 미의 여왕과 살고 있는 거야.
나 아직도 왕관을 가지고 있어,
나는 내가 특별한 일을 할 특별한 사람이 될 줄 알았어."

이랬던 그녀는 여러 우여곡절 끝에 당시까지 미국 역사상 최대 금액의 환경 소송을 스스로 찾아내어 시작하게 된다. 그리고 기회를 잡자 그녀는 자신이 가용할 수 있는 직무자원들을 활용하기 시작한다.

조직 수준의 직무자원을 얻기 위해 고용주인 변호사 에드와 끊임없이 처우에 대해서 협상한다.

> **에드** 수도국에서 당신이 찾은 이 자료에는 나쁜 크롬이라고 나와 있어요.
> 당신 그 문서 복사해 놓았나요?
> **에린** 네 복사해 놓았지요.
> **에드** 내가 그걸 볼 수 있을까?
> **에린** 나는 임금인상을 원해요. 건강보험도요, 치과 진료를 포함해서요.

엄숙한 로펌에서 에린의 자유분방한 스타일과 커뮤니케이션 방식은 잘 맞지 않았다. 동료 직원들은 그녀를 빼고 점심을 먹고는 했었다. 그러던 어느 날, 자신을 은근히 따돌렸던 동료들로부터 인정을 받기 시작한다.

> **동료** 너 몇 시간 동안 계속 읽고 있네.
> **에린** 저는 늦게 읽어요.
> (그녀는 에린을 도와줄 수 없기에 그저 바라볼 뿐이었다. 동료는 에린의 책상 등을 켜주고 나간다. 이것은 에린이 동료로부터 받은 첫 번째 도움의 손길이었다.)

또한 해당 소송에 드는 막대한 비용과 그 소송 결과에 대해 의구심을 갖는 보스를 그녀는 설득한다. 그 일은 그녀의 일이었고 그녀에게는 셀 수 없는 가치가 있기 때문이었다.

에린 우리 이걸 하는 걸 고려해봐야 해요. 나는 법률적인 것에 대해서는 개뿔도 모르지만, 무엇이 옳은지 그른지 그 차이에 대해서는 알고 있어요.

.....

에린 내가 수도국에서 찾은 문서에서는 1967년부터 독성 실험을 했던 걸로 나와 있어요. 엄청 많은 사람들이 그 이후로도 그 땅에 살고 있었으니 (더 많이 있을거에요).

에드 이건 완전히 다른 이야기에요 에린, 훨씬 큰 건이야. 좋았어 여기서 딜을 합시다. 만약 이것과 관련된 모든 증거를 당신이 찾아오면 내가 하겠소. 내가 한다고.

(에린의 입에는 승리의 미소가 흘렀다.)

오랜 시간 인게이지먼트를 경험한 그녀 역시도 정서적 그리고 신체적인 고난을 겪는다. 가족과의 갈등, 만성 피로와 병을 앓으면서 번아웃을 경험한 그녀는 인게이지먼트와 워커홀리즘의 경계를 맴돈다. 긴 소송으로 인해 그녀는 지쳐간다.

(울먹이며) "저건 내 일이에요.
내 땀과 자식과의 시간이 들어있어요!"

온갖 어려움에도 지속적으로 인게이지먼트를 유지하며 성공과 실패 끝에 그녀는 결국 집단 소송을 승리로 이끈다.

영화 〈에린 브로코비치〉는 이 책에서 이야기하고 싶은 인게이지먼트에 대한 모든 이야기를 해주고 있다. 그중에 가장 빛나는 대사는 이것이다.

"당신은 내게 특별한 사람(Someone)이에요."

인게이지먼트가 결국 이야기하고 싶은 것은 우리가 모두 특별한 사람이라는 것이다. 누구나 인게이지먼트를 통해서 자신이 최선을 다할 수 있는 일을 찾아서 열심히 어떤 성취를 위해서 일 할 수 있다면 그리고 이러한 인게이지먼트를 위해 조직과 리더들이 충분한 환경적 여건을 마련해 준다면 누구나 다 특별한 사람이 될 수 있다는 것이다.

인게이지먼트가
결국 이야기하고 싶은 것은

우리가 모두
특별한 사람이라는 것이다.

인게이지먼트
인터벤션

인게이지먼트
빌드업하기

지금까지 인게이지먼트의 심리적인 특성에 대해 다양한 측면을 알아보았다. 이제부터는 인게이지먼트를 실제로 높이는 방법에 대해서 이야기를 해보려고 한다. 영어에서는 무언가를 개선하기 위한 모든 활동들을 통칭하는 용어로 인터벤션Intervention이란 단어를 자주 사용한다.[92] 인터벤션은 개입, 해결책, 솔루션, 개선 활동 등으로 해석될 수 있는데, 인게이지먼트 인터벤션은 개인, 팀, 또는 조직 단위에서 높은 수준의 인게이지먼트를 가능하게 하는 변화를 위한 노력과 그 프로세스를 말한다. 이러한 인터벤션의 특징은 계획되고, 의도적이고, 구조적인 변화를 뜻하는데, 단순히 어떤 하나의 증상을 개선하는 반창고를 붙이는 것 같은 즉자적인 해결책이기보다는 전체 조직을 하나의 사회적 유기체로 보고 건강한 변화를 만들어 내는 것을 의

---

92 Rothwell et al. (2015)

미한다. 인게이지먼트와 관련한 조직 내 문제들은 사실 조직 전체 시스템에 완전히 착근된 것일 가능성이 꽤 크다. 이러한 문제들을 손쉽게 해결할 수 있는 전가의 보도처럼 쓸 수 있는 소위 모든 상황에 만능One-size-fit-all인 인터벤션이라는 것이 존재할 가능성은 굉장히 낮다. 조직의 특성에 잘 맞춰서 장기적으로 문제를 해결해 나갈 수 있는 인터벤션을 디자인하고 실행하면서 개선해 나가는 것이 꼭 필요한 이유이다.

나이츠와 동료들의 연구(2017)는 인게이지먼트를 위한 인터벤션을 개인자원 개발Personal resources building, 직무자원 개발Job resources building, 리더십 교육Leadership training, 그리고 건강 촉진Health promotion의 네 가지 범주로 분류한다. 개인자원은 구성원 스스로가 환경적 요인을 통제하고 영향력을 행사할 수 있다는 믿음으로 개인자원 개발은 앞서 살펴본 긍정심리자본 같은 개인자원을 촉진하기 위한 인터벤션이다. 직무자원 개발은 직무자원들을 위한 근무 조건들을 변화시키는 것과 관련한 인터벤션이다. 개인 수준과 팀 수준의 자원들과 관련해서 정말 중요한 요인이 리더십이기 때문에 리더들의 개인 및 직무자원에 대한 이해를 높이고 동기부여와 권한부여 같은 리더십 스킬을 배울수 있는 리더십 교육이 별도로 구분되었고, 마지막으로 번아웃을 경험하고 있거나 그리고 인게이지먼트와 워커홀리즘의 경계에 서 있는 사람들을 위한 신체적 그리고 정신적 건강과 관련한 인터벤션들이 있다.

이러한 인터벤션은 한 차례 혹은 여러 차례에 걸쳐 장기간에 이루어졌는가에 따라서 기간으로도 나누어 생각해 볼 수 있다. 조직에서

이러한 인터벤션의 특징은
계획되고, 의도적이고,
구조적인 변화를 뜻하는데,

단순히
어떤 하나의 증상을 개선하는
반창고를 붙이는 것 같은
즉자적인 해결책이기보다는
전체 조직을
하나의 사회적 유기체로 보고
건강한 변화를
만들어 내는 것을 의미한다.

근무하다 보면 때때로 연수원 같은 별도의 장소에서의 교육을 통해 단기간에 어떤 특정한 지식, 기술을 익히고 자기 일에 대한 태도에 대해서 반추해 볼 수 있는 기회를 가질 수 있는 데 이것을 훈련Training이라고 하며 이와 대비해서 장기간에 걸쳐서 지식, 기술, 태도를 익히고 적용해서 내 것으로 만들어 가는 과정을 개발Development라고 한다. 극심한 스트레스에 시달릴 때는 단기간에 큰 효과를 낼 수 있는 시술과 진통제도 필요하지만, 장기적인 관점에서 건강한 몸과 정신을 만들어 나갈 수 있는 생활 습관의 변화도 필요하다. 마지막으로 이러한 인터벤션은 개인이 혼자 참여했는지 혹은 팀이나 조직 전체가 함께 참여했는지에 따른 단위에 따라서도 그 종류를 분류할 수 있다. 이러한 인터벤션의 종류, 기간, 그리고 단위의 세 가지 분류 중에서 나이츠의 메타 연구는 인터벤션에 참여한 단위에 따른 인터벤션이 유의미한 효과를 낼 가능성이 크다고 주장한다. 그렇다면 다양한 인게이지먼트 인터벤션의 특성 중에 조직을 단위로 하는 인터벤션에 대해서 자세히 들여다보자.

구성원 옹호자로서의
인사

"그런데 거기 사람 자르는 데죠?"

미국에서 "저는 인사Human Resources 그리고 그중에서 교육훈련과 관련된 것을 가르치고 연구하는 사람"이라고 나를 소개하면 가끔 듣는 이야기이다.

"아, 거기 사람 뽑는 데죠?"

이건 한국에서의 응답이다.

미국 직장에서 일을 하다 보면 회사를 그만둘 때쯤 인사팀을 만나는 경우가 많다. 미국의 회사들은 많은 경우 사람을 뽑는 채용 업무를 현업에 있는 부서에서 직접 진행하기 때문에 채용 서류 그리고 회사 내규와 관련된 행정적인 사안을 제외하고는 입사 과정에서 인사팀과 그리 접촉이 많지 않다. 오히려 미국의 조직들은 상시 구조조정Layoff 을 실시하고 언제나, 어떤 이유로든, 그리고 사전 통지 없이 해고가

"그런데 거기 사람 자르는 데죠?"

미국에서 "저는 인사HUMAN RESOURCES

그리고 그중에서 교육훈련과

관련된 것을 가르치고

연구하는 사람"이라고

나를 소개하면 가끔 듣는 이야기이다.

"아, 거기 사람 뽑는 데죠?"
이건 한국에서의 응답이다.

가능한 임의 고용Employment at-will 노동계약 제도를 선택하는 주들이 많은데 이러한 업무를 인사팀에서 진행하기에 회사를 쭉 다니다가, 조직을 나오는 시점에서 인사팀을 만나게 된다. 영화나 드라마에서 평상시처럼 일을 하는 직원에게 인사팀 직원이 건장한 경호원과 나타나서 잠시간 이야기를 나누고 해고 통지서에 사인하고, 큰 상자에 짐을 싣고 나가는 것, 그것이 미국 직장에서 인사팀에 대한 대표적인 인상이다. 그래서 인사팀을 사람 자르는 곳이라는 말이 영 틀린 말은 아니다.

한국은 조금 다르다. 한국은 채용을 주로 인사팀에서 주도하고 신입/경력사원 교육받은 이후에는 인사와 관련된 사고를 치지 않는 이상 별로 인사팀을 만날 일이 없다. 부서 이동이나, 연봉 협상, 그리고 퇴직까지도 조직의 통일된 규정을 따르는 경우가 많아서 전자 인사 시스템에 들어가서 스스로 하면 되기 때문이다.

"저는 인사팀에 근무하고 있어요."
"인사팀은 뭐하는 데에요? 거기는 아무 일도 안 하는 거 같은데 가끔 만나보면 엄청 권위적이더라고요."

언젠가 영어 학원 회화 수업에서 어떤 분이 내게 물은 적이 있다. 약간은 무례한 질문에 나는 예의 신경질적인 답변을 했다.

"지금 선생님께서 회사에서 지원받으셔서 여기서 무료로 영어 수업 듣고 계시잖아요. 그거 인사팀에서 각고의 노력 끝에 지원받으실 수 있도록 한 것에요."

　인사팀은 생각보다 상당히 많은 일을 한다. 한 명의 임직원이 하루에 출근해서 퇴근할 때까지, 그리고 1월 1일부터 12월 31일까지의 한해, 그리고 그 한 해 한 해가 모여서 수십 년 동안 한 조직이 영속하는 그 모든 기나긴 여정은 인사팀이 정해 놓은 지침에 의해서 움직인다. 우리가 얼마나 월급을 받을지, 몇 시에 출근할지, 하루에 몇 시간 일할지, 사람들을 어떤 방식으로 평가하고 개발시킬지, 어떤 사람을 리더로 승진시킬지, 조직은 어떻게 만들지 등 인사팀에서 그 기준을 정해주지 않는 것이 없다. 이러한 기준을 바탕으로 조직 내외부의 어떤 사안들이 발생할 때마다 조직은 무조건 반사적으로 반응하고 해야할 일을 한다. 그것이 한 조직이 운영되는 방식이다. 다만 사람들은이미 그렇게 정해져 있는 시스템에 올라타는 것이기 때문에 그 시스템이 누군가에 의해서 고안되었다는 사실을 인식하지 못할 뿐이다.

"눈에 보이지 않는다고 존재하지 않는 것은 아니다."
-〈미생〉, 강대리-

　세계적인 인사 분야의 구루 데이브 얼리치는 그의 인사 분야 고전《HR Champions》(1996)에서 인사 담당자의 역할을 네 가지로 구분했다.

> - **전략적 파트너** 인사와 경영전략의 연계를 통한 조직의 성공을 지원
> - **행정전문가** 효율적인 인사와 관련한 인프라 구축
> - **구성원 옹호자** 직원의 목소리를 듣고 이를 반영
> - **변화주도자** 혁신과 변화의 관리

이 네 가지 역할 중 구성원 옹호자 역할에 대해서는 인게이지먼트와 연계해서 깊이 살펴볼 필요가 있다.

앞서 우리는 인게이지먼트와 관련한 많은 직무자원이 인사팀과 연계가 되어 있음을 확인할 수 있었다. 조직 수준의 자원인 인사제도, 조직 문화, 팀 수준에서의 리더십, 직무 수준에서의 자율성을 포함한 직무특성 등과 같은 직무자원은 인사팀에 의해서 고안된 것들이거나 인사팀에 의해 개선될 여지가 있는 것들이 많다. 그렇기에 만약 내가 조직의 한 구성원으로서 최대한의 노력을 다해 일했음에도 불구하고, 일에서 인게이지먼트를 경험할 수 없다면 그것은 나만의 잘못이 아닐 가능성이 크다는 것을 의미한다. 그렇기에 인게이지먼트를 자주 경험할 수 있도록 인사팀과 직무자원에 대해서 논의를 할 수 있어야 한다.

하지만 회사를 다녀보신 분들은 아시겠지만, 이러한 구성원들의 요구가 쉽게 받아들여 지지는 않는다. 기본적으로, 모든 인사 제도는 현상을 유지하려는 속성이 있다. 이러한 조직의 특성을 조직 변화 이론에서는 평형 상태Equilibrium라고 한다.[93] 즉 인사 제도는 조직 내외부

---

93 Gersick (1991)

의 어떤 힘의 균형의 접점에서 수립되었고 그러한 제도는 대개 아주 오랜 시간에 걸쳐서 조직에 고착되었기 때문에, 웬만한 내외부의 자극이 있어도 절대로 그 평형을 깨고 싶어 하지 않는다.

　드라마 〈미생〉에서 장그래는 2년이라는 계약직 근무 기간 내내 돋보이는 성과를 보였지만, 인사팀은 그런 그를 정규직으로 전환해 주지 않았다. 동기들이 사내 게시판에서 글을 올리며 분위기를 만들어 봐도 직속 상사인 오 차장님이 인사팀에 읍소를 해도 비정규직을 정규직화 시켜주는 것은 비정규직과 정규직의 분리를 통해 이룩해 놓았던 기존의 인사정책의 평형 상태를 깨는 것이다. 이 평형 상태는 몇몇 사람들의 작은 바람과 하소연으로는 깨어지지 않는다. 정부 차원에서의 비정규직법 개정이라든지, 조직 내외부의 CEO를 포함한 주요 이해 당사자들 및 의사결정자들 그리고 대다수 사람들로부터의 강한 요구로 기존의 평형 상태를 깨버려야 한다. 그리고 그렇게 기존의 평형이 깨져야지만 인사팀은 새로운 평형을 만들기 위해 인사 제도를 새로 만들어낸다. 구성원들의 정당한 요구가 받아들여지지 않는 이러한 프로세스는 사람들을 낙담시킨다. '아 조직이라는 곳은 아무리 열심히 해도 나를 끝까지 지켜주지 않는구나. 내 살길을 찾아봐야겠다.' 그렇게 우리는 조직과의 심리적 계약이 부질없는 짝사랑임을 깨닫게 되고 매일 조금씩 인게이지먼트와 이별하며 살게 되는 것이다.

　얼리치는 인사팀이 직원들이 목표를 설정하고 그 목표에 달성할 수 있도록 필요한 자원을 지원해 주는 구성원 옹호자의 역할이 인사팀의 주요한 역할이라고 말한다. 하지만, 인사 분야 최고의 학자가 구성원 옹호자가 되어야 한다고 제안을 한 지 25년이 지났음에도 기나긴 그 세월 동안 인사팀들이 이 제안에 제대로 된 응답을 해왔는지는 사실 인사팀이 사람 뽑고 자르는 곳 아니냐는 사람들의 반응을 보면 회의적인 것이 사실이다. 인사는 과연 인사의 역할을 해왔는지를 반문해 보고 지금이라도 구성원들의 인게이지먼트를 위해 최전선에 서 줄 것을 제안한다.

만약 내가 조직의 한 구성원으로서 최대한의 노력을 다해 일했음에도 불구하고, 일에서 인게이지먼트를 경험할 수 없다면 그것은 나만의 잘못이 아닐 가능성이 크다는 것을 의미한다.

아래로부터의 변화,
조직개발

인사와 관련한 제도는 인사 업무를 담당하는 임원이나 담당자들에 의해서 주로 만들어지고 CEO와 고위 임원들의 승인을 통해 실행된다. 인사팀에서 먼저 조직 내외부적으로 어떤 요구가 있고 그것을 인사 정책화할 필요가 있다고 생각했을 때 새로운 정책에 대한 기획안을 올리면 인사 담당 임원의 승인을 거쳐 CEO를 비롯한 다른 고위 임원들이 전체 조직의 가용한 자원을 고려하고, 각 세부 조직들의 처한 환경과 독특한 맥락을 반영하여 제도가 수립된다.

이러한 인사 제도를 기획하고 또 제도가 실행될 때의 가장 중요한 원칙의 하나는 바로 비밀주의이다. 인사 제도는 그 제도에 따른 혜택을 받는 사람과 못 받는 사람이 있어서 사전에 잡음을 방지하기 위해서 소수의 이해 관계자 외에는 관련 정보를 공유하지도 않고 철저히 탑다운Top-down 방식의 업무 집행을 따르는 경우가 많다. 이러한 상층부 중심의 결정과 그 결정을 아래로 내리는 방식은 조직 내 의사결정자의 의중이 빠르고 효율적인 방식으로 반영된다는 장점이 있다. 하지만 이러한 방식은 인사 제도의 수혜자 측면에서 보면 자신들의 요구 사항이 제대로 반영되지 않았기 때문에 생뚱맞거나 때로 조직 내 요구 사항을 제대로 읽지 못해 답답한 노릇인 경우가 많다.

조직개발Organization development은 이러한 탑다운 방식과 대조되는 바텀업Bottom-up 방식의 변화 프로세스를 말한다.[94] 조직개발은 조직 내 문제 해결을 위한 민주적인 의사결정을 통한 조직변화 방법론으로 구성원의 적극적 참여를 기반으로 한다. 이러한 조직개발의 그 성패를 가르는 것은 바로 심리적 소유의식Psychological ownership을 어떻게 변화에 참여하는 구성원들이 스스로 갖게 할 수 있느냐에 달려있다.[95]

예를 들어, 우리 조직에서 구성원들의 인게이지먼트에 문제가 있다고 가정해 보자. 우리가 쉽게 상상할 수 있는 방법은 CEO 혹은 주요 조직책임자들이 인게이지먼트가 낮은 이유를 찾아서 분석하라고 인사팀에 지시하고, 인사팀은 인게이지먼트가 낮은 이유에 대해서 구성원들을 대상으로 요구 조사Needs assessment를 실시하여 바람직한 수준과 현재의 수준에 대한 차이Gap를 분석한 후에, 이 차이를 메꿔서 인게이지먼트를 높일 수 있는 대안들을 만들고 그중 적절한 인터벤션을 현장에 적용하는 것이다. 만약 직원들의 인게이지먼트가 낮은 이유가 팀장의 코칭 능력이 부족하다는 결론이 난다면 팀장의 리더십 행동 모델을 만들고 그러한 모델에 따라서 전 팀장들을 대상으로 한 교육을 시행한 후, 일정 시간 이후에 행동 모델에 따라서 리더십을

---

94 Rothwell et al. (2015)
95 Schein (1999)

다시 진단해서 잘한 팀장에게는 보상을 기준을 맞추지 못한 팀장에게는 처벌을 내리는 방식일 것이다.

이것은 조직개발일까? 아닐까? (잠깐 시간을 가지고 생각해 보자).

결론부터 이야기하면 이것은 조직개발이 아니다. 이는 전통적으로 조직 내 구성원의 수행상의 문제를 해결하는 성과 컨설팅Performance consulting 방식으로 인사팀에서 문제를 정의하고 그 문제에 대한 되도록 빠른 효과를 낼 수 있는 인터벤션을 만들고 문제를 일으키는 사람들에게 그 책임을 묻고 문제를 해결하는 방식이다. 과연 인게이지먼트를 저하시키는 문제를 일으키고 있다고 지목된 팀장들이 진심으로 인게이지먼트를 높일 수 있는 행동을 보일까? 아니면 그냥 의무 교육 한 번 받고 와서,

'자, 회사에서 인게이지먼트를 높이려면 코칭을 이렇게 이렇게 하라고 하더라. 나 그렇게 했다. 평가 잘 부탁해!'

라고 하는 건 아닐까?

이와같이 전문가들에 의해 주도되는 탑다운 방식을 의사-환자 모델Doctor-patient model에 의한 접근법이라고 한다.[96] 인사팀은 조직을 치료하는 의사가 되어서 문제를 진단하고 처방을 내려서 병을 치유하는 방식이다. 이러한 방식은 문제의 근원이 되는 환부를 도려낼 수는 있지만 결국 한 개인이 건강하고 행복하게 사는 것을 보장하지는 못

---

96 Schein (1999)

한다. 암에 걸린 사람의 몸속의 암세포를 정교하게 도려내도, 잘못된 식습관을 고치거나 스트레스를 받는 환경을 바꾸지 않는다면 암이 재발하는 것과 같은 원리이다.

조직개발 분야에서는 조직개발을 위한 프로그램의 70%는 실패한다는 이야기가 있다. 대부분의 조직개발 프로그램들이 시작은 거창하게 조직을 근본적으로 바꿀 수 있을 것처럼 야심차게 출발하지만 얼마 시간이 지나고 나면 흐지부지되다가 결국 실패로 그 끝을 맺는다는 것이다. 조직개발은 이러한 의사-환자 모델이 그 실패의 원인이라고 보며 이와는 상반되는 임상 심리학Clinical psychology 접근의 적용을 강조한다. 임상 심리학 접근의 핵심은 구성원들이 인게이지먼트의 향상을 위해서 그들 스스로 문제들을 드러내고 스스로 그 문제들을 해결한다는 것이다.

만약 이 구분이 조금 낯설거나 이해가 되지 않는다면 「사랑과 전쟁」에서 부부의 사연이 끝나고 신구 님이 조정장을 맡고 조정위원들이 논의하는 장면을 생각해 보면 정확히 일치한다. 이혼 조정 법정에서 법률가들은 법률적인 조언(예를 들어, 배우자에 대한 기만행위가 법률적으로 유죄가 될 수 있다는 것과 같은 객관적 사실) 혹은 상식적인 판단에서 생각의 전환을 촉진할 수 있는 질문만을 던지지, 부부 사이의 문제에 대해서 어떤 해결책을 직접적으로 제시하거나 사안이 너무나 명명백백한 경우를 제외하고는 명쾌한 판정을 내려주지 않는다(이러한 이유로 미국의 조직개발 전문가 중에는 변호사가 꽤 있다). 그리고는 '4주 후에 뵙겠습니다'라고 말하면서 문제를 해결할 수 있는 당사자들만의 시간을 준다. 문제에 대한 해결책은 조정 기간 이혼 당사자 스스로 찾아내고 스스로 문제를 해결해 나가는 것이다.

인게이지먼트가 낮은 상황도 마찬가지다. 인게이지먼트가 충만한 조직으로의 변화를 위한 조직개발은 탑다운 방식으로 위로부터 강요된 변화 활동을 시행하는 것이 아닌, 구성원들이 전체 조직개발 프로세스에 참여하고 그들에게 직접 문제를 드러내고 스스로 해결할 수 있는 프로세스로 진행되어야 한다. 전사원이 모두 참여할 수 있는 타운홀 미팅, 일로 만난 사람들의 업무가 제대로 작동하지 않는 팀을 대상으로 하는 프로세스 컨설테이션Process consultation,[97] 그리고 전원 참여가 여의찮은 경우, 개별 조직의 입장를 대표하여 대변할 수 있는 멤버들로 구성된 위원회Committee와 같은 방식을 통해 문제를 해결하는 것이다. 여기서 인사팀의 역할은 직접 사내 조직개발 컨설턴트가 되어서 변화를 주도할 수도 있고 외부에서 전문 조직개발 컨설턴트를 고용할 수도 있다. 어떤 경우에도 조직개발 컨설턴트의 역할은 의사결정을 도와줄 수 있는 데이터를 제공해 주면서 논의를 이끌어 가기 위해 꼭 필요한 중요한 질문들을 하는 것이다. 궁극적으로 이러한 과정은 구성원들이 스스로 문제를 해결할 수 있도록 도와주는 것이다.

여기서 또 하나의 궁금증이 생긴다. 그렇다면 탑다운과 바텀업을 섞으면 안 될까? 그것이 둘의 장점을 모두 취할 수 있는 궁극의 해결책이 아닐까? 아쉽게도 그런 일은 거의 일어나지 않는다. 나는 꽤 겉보기에 그럴듯한 이 질문을 박사 과정 때 조직개발 분야 최고의 권위자인 윌리엄 로스웰 교수님께 물어보았다. 그의 대답은 "그런 일이 일

---

97 Schein (1999)

어날 수 있을 거에요. 하지만 저는 경험해 본 적이 없습니다."였다. 참으로 허탈했다. 왜 그런 걸까?

조직개발 이론가들은 조직의 문제를 가장 잘 알고 있는 사람은 경영에 대해서 잘 알고 있다는 유명한 교수도 아니고, 외부에서 비싼 돈을 주고 고용한 컨설턴트도 아닌 조직 내부의 구성원들이라고 말한다. 조직개발에 참여하는 구성원들이 바로 문제를 해결할 수 있는 적임자이자 당사자임을 강조한다. 만약 구성원들이 누군가에게 당신들이 문제여서 이러한 사단이 났다며 비난하면서 탑다운 방식으로 문제의 해결책을 제시하는 그 순간 구성원들 스스로가 심리적 소유의식을 잃고 진실을 외면하고 문제를 감추고 손쉬운 눈에 보이는 땜질식 해결책만을 내놓는다고 한다. 그리고 위에서 원하는 변화의 행동을 하는 시늉만 하면서 시간을 보내고 다시 변화의 압력이 조금 수그러들 때쯤 다시금 원상태로 돌아가려고 한다는 것이다. 그래서 조직개발을 촉진하고자 한다면, 그 변화를 촉진하는 사람들은 구성원 스스로가 문제를 진단하고 솔루션을 스스로 낼 수 있도록 바텀업 변화를 촉진하는 기술을 가지고 있어야 하며 조직의 문제를 진단하는 컨설턴트(즉, 의사)가 아닌 사람들의 의견을 경청하고 대화를 촉진하는 변화 촉진자Facilitator라는 점이다.

이와 같은 조직개발은 (1) 계획적으로 (2) 장기간에 걸쳐서 (3) 최고 의사결정자들의 지원 아래 (4) 조직원들의 적극적인 참여로 이루어진다.[98] 그렇기 때문에 쉽지 않다. 조직개발은 장기적으로 일어나

---

98 Rothwell et al. (2015)

는 것인데 중간에 의사결정자가 바뀌면 무산되거나 계획이 뒤바뀔 수 있고 대체로 새로 선임된 의사 결정자들은 자신의 임기 내에 효과를 볼 수 있는 빠른 방식을 원한다. 또한 위계적인 한국의 조직에서 조직원들의 적극적인 참여를 끌어낸다는 것이 쉽지 않다. 모난 정이 돌 맞고, 질문하는 사람이 유난 떤다고 보는 기존의 한국의 조직 문화는 조직개발과는 사실 어울리지 않는 옷일지도 모른다.

하지만, 최근 한국 조직에서 쟁점이 되고 있는 여러 논란들을 바라보며, 이제 조직개발이 본격적으로 도입되어야 할 때가 되었다는 확신이 든다. 그것은 왜일까? 이제는 더 이상 훌륭한 내가 정해 놓을 테니 이렇게만 하면 너도 인게이지먼트를 경험할 수 있다는 방식이 더 이상 통하지 않을 것이기 때문이다. 언젠가 인게이지먼트에 대한 발표를 마치고 질문을 받은 적이 있다.

"긍정 심리, 인게이지먼트 다 좋은데 그게 한국에서 가능할까요? 그런 주장이 받아들여지리라고 생각하신 건 너무 순진한 접근 아닐까요?"

"네. 어려울 겁니다. 하지만 제 판단에는 기존의 방식은 설혹 실패하지는 않을 수는 있겠지만 성공할 수가 없다고 생각합니다. 성공할 수 없는 길로 가고 있다는 것을 알리는 것 그리고 성공할 수 있는 길로 갈 것을 설득하는 것이 제 인게이지먼트 연구가 가고자 하는 길입니다."

"긍정 심리,
인게이지먼트 다 좋은데
그게 한국에서 가능할까요?
그런 주장이
받아들여지리라고 생각하신 건
너무 순진한 접근 아닐까요?"

"네. 어려울 겁니다.
하지만 제 판단에는 기존의 방식은
설혹 실패하지는 않을 수는 있겠지만
성공할 수가 없다고 생각합니다.
성공할 수 없는 길로 가고 있다는 것을
알리는 것 그리고 성공할 수 있는 길로 갈 것을
설득하는 것이 제 인게이지먼트 연구가
가고자 하는 길입니다."

조직개발
인터벤션 사례

자, 그러면 조직개발의 방법론을 사용해서 번아웃과 낮은 수준의 인게이지먼트 문제를 해결하려는 시도에 관한 연구를 한 번 들여다보자. 미국에 있는 한 소방서에서 일어난 조직개발 프로젝트를 연구한 사례이다.[99] 해당 소방서는 소방관들의 스트레스와 번아웃으로 인해서 직장 내 폭력 행위(자살 의도, 동료와 리더에 대한 협박), 결근, 퇴직 등의 부정적인 문제들이 횡행하고 있었다. 이 문제를 타개하기 위해서 소방서의 경영진들과 노조 대표들은 조직개발 전문가들과 심리 상담가들을 투입했다. 조직개발 전문가들은 조직개발의 대표적인 방법론인 액션 리서치 모델Action Research Model을 통해서 조직개발 인터벤션을 제공했다.[100]

액션 리서치 모델에 따라 도입 단계에서는 조직개발 컨설턴트들은

---

99 Halbesleben et al. (2006)
100 Rothwell et al. (2015)

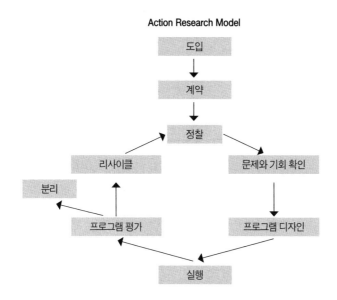

Action Research Model

소방서의 현 상태와 미래의 목표와 관련한 자료 그리고 근무시간 관련 자료를 받아 분석했다. 대부분의 인원들은 이틀에 한 번씩 24시간을 근무하는 주 72시간 근무하고 있었고 2주에 한 번씩 하루의 휴가를 받고 있었다. 이러한 조직에 대한 이해를 바탕으로 주요 의사결정자들인 소방서장, 노조 대표, 그리고 임상 심리사들과 회의를 개최하고 파악한 현황을 공유했다.

계약 단계에서는 서로에 대한 신뢰와 관계를 쌓기 위해 다양한 방법으로 전 소방서 구성원들과 커뮤니케이션을 실시하였고, 조직개발 프로젝트의 개요와 계획에 관해서 설명하고 피드백을 받았다. 특히, 조직개발 컨설턴트들에 대한 심리적인 거부감을 느끼는 것을 피하고자 최대한 노력하였고 앞으로 있을 프로젝트를 위해 함께 협력할 수 있는 환경을 만드는 것에 중점을 두었다.

정찰 단계에서는 문헌 분석, 관찰, 인터뷰, 그리고 서베이를 통해서 조직의 면모를 좀 더 체계적으로 파악하려고 하였다. 특히, 90일 동안 약 200시간에 걸친 관찰을 통해 근무 환경, 인간관계, 스트레스 요인들과 같은 구성원들이 직면하고 있는 문제들 그리고 그들의 나름의 해법들과 관련된 정보들을 수집할 수 있었다. 구성원들의 가장 큰 스트레스 요인은 업무 일정의 불확실성과 조직 내의 정치 특히 '말 잘 듣는 고참들Good old boys'에게 일방적으로 유리한 인사 제도임을 밝혀낸다. 그리고 일상적인 번아웃과 낮은 수준의 인게이지먼트 그리고 훈련 부족으로 인한 낮은 수준의 효능감을 관찰한다. 흥미롭게도 조직개발 컨설턴트들은 그 짧은 90일 동안에도 두 명의 퇴사자를 떠나보낸다. 둘은 모두 승진을 통한 다른 소방서로의 이직이었다.

전체 95명의 구성원 중 80여 명에 대한 인터뷰를 통해서는 조직과 경영진으로부터의 지원을 애타게 원하면서도, 경영진들이 그들을 조정하는 것에 강한 반감을 품고 있다는 것을 알게 되었다. 이러한 어려움 속에서도 중요한 것은 구성원들이 자기 일을 사랑하고 특히 긴급상황에 출동하는 것을 즐긴다는 것과 자신의 조직에 대해서 걱정하고 있다는 것이었다. 마지막으로, 앞서 살펴본 번아웃 측정도구인 MBI-GS 서베이를 통해 평균적으로 3.11(표준 편차 1.16)의 일반적인 다른 미국 내 직장인보다 높은 수준의 번아웃을 보인다는 것을 진단하게 된다. 결론적으로 분석 단계를 통해서 번아웃이 조직에 광범위하게 나타나고 있고, JD-R 모델을 연구모형으로 하여 높은 직무요구와 낮은 직무자원 상태임을 진단한다.

문제와 기회 확인 단계에서는 정찰 단계에서의 진단을 바탕으로

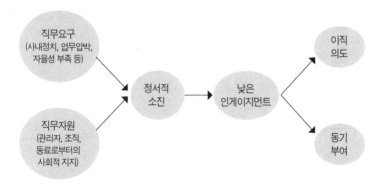

조직개발 컨설턴트들과 함께 현재 상황에서의 문제를 찾고 이를 어떻게 해결할 것인지에 대한 논의를 시작하였다. 이러한 논의는 비공식적인 다양한 방식으로 이루어졌으며 논의된 내용들은 두 명의 최고 경영진에게 여과 없이 전달되었다. 이렇게 정리된 분석 결과들 그리고 가능한 인터벤션을 다시 조직별로 논의하고 피드백을 받는 워크숍을 실시하였으며 별도로 조직의 리더들과도 유사한 워크숍을 개최하였다.

프로그램 디자인 그리고 실행 단계에서는 다양한 분석 결과들 그리고 구성원들의 참여를 통한 피드백을 기반으로 프로그램 운영을 위한 전략과 단계별 실행 계획을 수립하였다. 그리고 번아웃을 줄이기 위한 인터벤션으로 경영진에 대한 교육, 조직의 미션 개정, 조직별 팀빌딩, 외부 상담을 제안하였다. 또한 직무에서의 불확실성을 줄이기 위한 직무 디자인, 업무량 감소를 위한 지원 부서 인력 채용, 그리고 성과 평가 및 채용방식에 대한 제안이 있었다.

프로그램 평가 단계에서는 본 컨설팅 프로젝트 종료 1년이 경과한 후, 후속 진단을 시행하였다. 같은 질문지를 통해 설문을 돌린 결과 번아웃과 낮은 수준의 인게이지먼트는 개선 효과를 보였으나 직무만족과 이직 의도에는 변화가 없는 것으로 나타났다. 인터벤션들이 번아웃과 인게이지먼트에는 긍정적인 효과가 있었으나 이직 의도에 까지는 여전히 유의미한 변화를 끌어내지 못한 것이다. 또한 주관식 답변을 통해서 교육 프로그램과 미션에 집중하는 조직으로의 변화는 진행이 잘 되는 반면 여전히 다른 변화들은 느리게 진행된다고 보고된다.

마지막 리사이클 단계에서는 자발적으로 본 조직개발 프로젝트를 지속적으로 실행할 수 있도록 구성원들과 경영진으로 구성된 커미티가 설치되었다. 해당 커미티가 스스로의 변화 관리자가 될 수 있음을 확신하며 조직개발 컨설턴트들은 본 프로젝트와 분리Separation되어 나왔다. 이제 진정한 변화는 구성원들의 몫으로 남았다.

지금까지 이 사례를 읽으셨다면 어쩌면 뭔가 허무함을 느끼실지도 모른다는 생각이 든다. 쉽게 기대하셨던 결과는 무언가 화끈하게 번아웃이 사라지고 모든 구성원이 넘치는 인게이지먼트에 행복에 겨워 비명을 지르는 그런 모습일 것이다. 하지만 현실은 정말 그렇지 않다. 이 사례가 어쩌면 현실에 훨씬 가까울 가능성이 훨씬 크다. 인게이지먼트와 관련된 변화는 이토록 장기적으로, 극적이지 않은 방식으로, 조금씩 일어날 가능성이 높다. 포기하지 않고 장기간에 걸쳐 변화를 이끌어 나가 결국 근본적인 변화를 만들어 갈 수 있는 변화 추진자들과 전체 구성원의 믿음과 끈기가 중요할 수밖에 없다.

본 연구를 수행한 알라바마 대학의 조나단 할베슬레번 교수는 번아웃과 인게이지먼트 분야의 세계적인 권위자인데 백여명이 채 안 되는 소방서 조직을 대상으로 한 프로젝트에 엄청난 자원과 노력을 투자했음에도 그다지 시원한 결과를 보여주지 못하고 있다. 이제 우리가 인게이지먼트 인터벤션을 디자인할 때 얼마나 많은 고민, 노력, 투자가 필요한지 짐작이 가실 거라 생각된다. 이처럼 인게이지먼트는 시간이 남아돌아서 하는 한가한 주제가 아닌, 전력을 다해도 될까 말까 하는 난제다.

인게이지먼트와 관련된 변화는
이토록 장기적으로, 극적이지 않은 방식으로,
조금씩 일어날 가능성이 높다.
포기하지 않고 장기간에 걸쳐
변화를 이끌어 나가 결국 근본적인 변화를
만들어 갈 수 있는 변화 추진자들과
전체 구성원의 믿음과 끈기가 중요할 수밖에 없다.

EPILOGUE

—

세뇌 시대의 종말

이민 가방 네 개에 바리바리 짐을 싸 들고 LA 공항에 내린 것이 2013년 7월 9일이었으니 미국에 온 지도 십여 년이 다 되어간다. 십 년이면 강산도 변하는 건 당연하지만, 한국의 소식을 접할 때면 그래도 내가 태어나서 삼십여 년을 살았던 곳이 맞나 싶을 정도로 사회가 빠르게 변하고 있음을 느낄 때가 많다. 가끔 한국을 방문할 때마다 나만 2013년도에 남아 있다가 잠시 타임머신을 타고 미래로 온 것 같은 기분이 들기도 한다. 인사와 조직과 관련해서는 정말 정신이 멍할 정도로 놀랄 만한 소식들을 듣고는 한다. 특히, 요즘 세대들의 일에 관한 설문조사 기사나 그들의 생각을 담은 소셜 미디어의 글들을 읽다 보면 한국도 이제는 세뇌Brainwashing의 시대가 끝나가고 있음을 알 수 있다.[101]

- 워라밸을 중시하고 보장을 요구

- 조직보다 개인의 이익을 우선시

- 개인의 개성 존중받기 원함

- 자유롭고 수평적인 문화

- 공평한 기회 중시

- 명확한 업무 디렉션과 피드백

- 개인성장을 위한 지원 요구

---

[101] 사람인 (2020)

나 역시도 하나의 조직에서의 성공보다는 개인의 삶과 경력이 더 중요하다는 주장에 동의하며 비슷한 마음가짐으로 일하고 있다. 내게 주어진 임무를 잘 해내고 나서 나머지 시간들은 아내와 딸과 행복한 시간을 갖는 것이 내게는 더 중요하다. 다만 정해진 시간안에 멋진 동료들과 재미있게 일하고, 내 일에서 일의 의미를 찾으면서 학계와 조직에서 인정받고, 결국 나의 본업이 가장 수지타산 맞는 일이길 기대할 뿐이다. 그러고 보니 큰 차이인가?

돌이켜 보면 (라때는) 한국에서 일을 하면서 느꼈던 인게이지먼트의 경험의 그 스냅샷에는 반드시 리더, 선배, 동료, 동기, 그리고 후배가 등장한다. 모두가 처한 어려움 속에서도 서로가 서로를 받쳐주는 하나의 멋진 스크럼을 만들어 내는 것 그리고 그 사람들의 울타리 안에서 나는 인게이지먼트를 느꼈다. 또 하나가 더 있다. 나는 무언가 내가 청춘을 바친 이 조직에 나라는 사람이 한 시절 있었다는 것을 증명할 수 있는 나만의 레거시(유산)를 남기고 싶었다. 세월이 아주 오래 지나서 이거 처음에 누가 시작한거야? 라고 할 때 내 이름이 불릴 수 있다면 멋질 거로 생각했다. 결국 그 시절 나의 인게이지먼트는 조직 안에 있었기에 가능한 것이었다.

그것은 어떻게 가능했던걸까?

처음 입사해서 신입사원 교육을 받을 때 '핵심가치 메들리'라는 것을 했었다. 회사의 핵심가치를 모두 외우고 이를 노래로 부르면서 엄청나게 빠른 속도로 율동을 하는 것이었다. 그때의 영상들을 지금 보면 내가 저런 것까지 했었나 하는 자괴감이 들기는 하지만, 그때는 그냥 별 생각 없이 그냥 재미있게 했었다. 너무나도 가까웠던 동기들이 있었고 믿음직한 선배 사원들이 있었다. 핵심가치 메들리 평가를 무사히 통과하고 나서 무언가 큰 성취를 이룬 것 같았고 내가 조직원으로 정식으로 받아들여진 것 같았다. 있는지 없는지도 모를 그룹 내 메들리 최단 기록을 깨지 못한 것을 아쉬워하면서 말이다. 그리고 조직에 돌아가서 핵심가치 메들리의 추억을 선배 조직원들과 공유하며 거나하게 회식을 하면서 그렇게 한 명의 구성원이 되어갔다. 이러한 사회화 방식을 세뇌라고 한다.[102] 평소의 가치관, 신념, 생각들을 씻어내 버리고 뇌를 새로운 생각으로 채워 넣는 것이다. 세뇌는 그냥 웃자고 하는 이야기가 아닌 조직 이론, 특히 조직개발 연구에서 심심치 않게 등장하는 전문 용어로 강압적인 설득Coercive persuasion을 의미한다. 그것은 사람들을 물리적으로 이동할 수 없는 곳에 몰아넣고 새로운 가치관과 믿음을 받아드리라고 압박을 가하는 심리적인 기술을 말한다.

MIT 대학교 교수였던 에드가 샤인은 조직 심리학의 선구자 중 하나인 대가이다. 그는 1950년대 한국 전쟁 때 한국에 와서 본국 송환을 앞둔 미군 전쟁 포로들에 관한 심리 연구와 상담을 했던 독특한 이력이 있다.[103] 그리고 그는 미군 포로들로부터 중공군이 포로를 심문할 때 폭력적인 방법으로 고문을 하는 것만큼이나 강압적인 설득인 세뇌를 이용해 포로들을 조종하는데 특출 난 기술을 가지고 있음을 알게 된다. 중공군들은 지속해서 물리적인 폭력에 대한 위협 속에, 우수한 리더들을 고립시키고, 구성원들간의 커뮤니케이션을 통제하고,

102 Schein (1961)
103 Schein (1956)

한국도 이제는 세뇌 BRAINWASHING의

시대가 끝나가고 있음을 알 수 있다.

교신을 검열하고, 집단을 분리시키고, 거짓 정보를 흘려보내는 등의 방식으로 사람들을 세뇌시켰다고 한다. 그리고 그는 이러한 세뇌가 미국 기업들이 그들의 구성원들을 사회화시키기 위해서 교육하는 방식과 본질적으로 유사하다는 것을 발견하게 된다.

한국에서의 경험을 기반으로 조직개발을 이론화한 그는 지난 한 세기 동안 미국의 기업에 어떤 변화가 있었는지를 아주 흥미로운 관점으로 회고한다.[104] 놀랍게도, 1950년대에는 미국 IBM도 내가 했던 핵심가치 메들리와 같은 IBM을 찬양하는 노래집Songbook이 있었고 당시 최고 혁신 기업이었던 GE는 'GE 주입Indoctrination 센터'로 불리었다고 한다. 기업들은 신입사원들을 은퇴 연금, 건강보험같이 구성원들이 조직을 떠날 수 없도록 소위 황금 수갑Golden handcuffs을 채워 놓은 후에, 모든 사회적인 관계를 단절시켜서 회사 연수원으로 보낸 후에 조직이 원하는 메시지를 주입했다는 것이다.

사람들은 일반적으로 한 번 정립된 일과 삶에 대한 태도를 쉽게 바꾸지 않는다. 그렇기에 경력 초기에 생성된 가치관을 통해 조직에 막 진입한 신참내기들을 일사불란하고 강력한 조직의 전사로 키워낼 수 있었다. 이러한 세뇌는 뉴 프런티어 정신이 강조되던 미국의 사회경제적 위상의 변화와 함께 베이비부머 세대가 사회에 진출하기 시작하며 개인의 창의성이 존중되면서 점점 사라졌다. 미국 경제의 높은 성장으로 인해 더 이상 구성원들을 한 회사에 묶어 두기에는 황금 수갑이 헐거워지자 미국의 기업들은 로열티가 높은 세뇌된 인재보다는

---

104 Schein (2002)

창의성이 높은 인재들을 찾는데 관심을 두기 시작했다.

하지만 미국의 기업들은 70년대부터 차례로 일본, 한국, 대만의 기업들이 세뇌된 임직원들에게서 창출되는 높은 생산성과 제품 경쟁력으로 미국 시장을 침공하기 시작하면서 큰 충격에 빠진다. 1980년대 이후, GE의 크로톤빌 같은 연수원에서의 리더십 교육 그리고 조직 내 교육훈련에 대한 대대적인 관심은 이러한 글로벌화 된 시장에서의 경쟁의 심화 속에 시대의 반동으로 잠시 나타났지만 끝내 글로벌 경쟁을 이겨내지 못한 미국 제조업은 결국 붕괴를 피할 수 없었다. 하지만 여전히 미국은 실리콘 밸리, 월스트리트, 헐리우드가 있다. 이곳들은 전세계에서 온 창의성이 높은 인재들을 빨아드리고 있고 여전히 엄청난 부를 만들어내고 있다. 미국에 살다보면 미국 조직의 장점들이 참 좋아 보일 때가 많다. 뛰어난 인재들의 다양한 경험들과 생각들이 넘치는 것이 좋고, 세상 느려 터지고 황당한 제도들도 많지만 그래도 법률 서비스 시장이 잘 발달해 있다. 그리고 엄청난 국가의 부는 충분히 실패를 용인할 만큼 관대하다. 이러한 다양성과 안전성 안에서 사람들은 높은 인게이지먼트를 보이며 혁신적인 기술들을 만들어낸다.

하지만 이제는 그 장점의 그늘에서 보지 못했던 단점들도 보이기 시작했다. 그것은 바로 학습의 부족이다. 미국 학생들을 가르치다 보면 학생들은 참 멘토링이란 단어를 좋아하고 연구 주제로 삼고 싶어 한다. 멘토를 만나기가 쉽지 않기 때문이다. 회사에 입사하자마자 신입사원 교육에 사수/부사수 간의 OJT, 때 되면 의무적으로 수강해야 하는 교육들이 기본값인 한국과 달리 미국 기업들은 그러한 훈련과

개발을 위한 대규모 커리큘럼 운영을 많이 하지 않는다. 사람들을 모아서 교육하기에는 땅덩어리가 너무 넓고 재택근무, 파트 타임제와 같은 다양한 업무 형태로 인해 대면 접촉이 드문 경우도 많다. 특히 인종들간의 사회적 관계도 분리되어 있어서 소수 인종들에게는 더욱 어려움이 많다. 내가 무언가 새로운 지식과 기술을 배우고 싶을 때 그걸 딱히 가르쳐 줄 만한 교육 기회도 적고 누가 옆에서 붙잡고 살갑게 가르쳐 주는 사람이 없는 경우가 많다. 그래서 내가 업무적으로 한계에 부딪히고 배우면서 성장하기보다는 현재의 역량으로 업무를 할 수 있는 다른 조직으로 이직하는 경우가 많다.

반대로 한국 조직은 파괴적 기술이 도래해 시장이 역동해도 엄청난 조직학습 능력을 통해 위기를 벗어나는 능력을 갖추고 있다. 무언가 새로운 배울 거리가 있을 때 전방위적으로 조직의 위에서부터 아래로의 연속적인 캐스캐이딩을 통해 온 조직이 함께 배우고 현장에 적용하는 것이다. 그리고 이러한 빠른 학습이 가능했던 수직적이고 강력한 위계 조직은 우리의 핵심역량이 되어 주었다.

하지만, 이제 그런 세뇌의 시대는 점점 끝나가고 있다. 꼰대가 되기 싫은 조직의 중간 관리자들은 더 이상 빠른 학습을 주도하기를 주저한다. 선진국의 문턱에 와 있는 지금, 경제적 풍요로움으로 세뇌되기를 거부하는 또는 세뇌될 수 없는 새로운 세대들이 등장했다. 그리고 그들은 자신만의 새로움을 만들기 어려워진 조직에서 인게이지먼트를 잃고 조직 밖으로 눈을 돌리고 있는 것 같다. 회사의 조직적인 계획에 따라 리더와 선배가 끌어올리고 후배가 받쳐주는 학습에 최적화된 구조와 문화는 한국 조직의 신속한 개인/팀/조직 학습 능력을 가능하게 해 주었고 그것이 우리 조직들이 글로벌 시장에서 갖는 최대 강점이었다. 점점 더 개인화되어가는 한국 사회에서 이러한 학습 없이 우리는 우리의 행복한 조직을 어떻게 만들어 나가야 하는 걸까? 단순히 서구권에서 개발된 인게이지먼트의 이론과 연구들을 기계적으로 번역해서 수입할 수 없는 이유가 여기에 있다. 우리의 빠른 학습이라는 강점을 살리면서 인게이지먼트가 충만한 조직을 만들기 위해서는 기존의 JD-R 모델에 의지하는 것이 아닌 새로운 모델이 필요하다. 그람시의 말처럼 옛것은 다 불타버렸는데, 새것은 오지 않은 지금 인게이지먼트를 위한 한 번도 가보지 않은 우리만의 새로운 길을 모색해야만 한다.

인게이지먼트로
가는 길
Q&A

이번 챕터에서는 질문에 답하는 형식으로 인게이지먼트에 대한 이야기 해보고자 합니다. 아래 질문들은 수업, 강연, 그리고 사적인 관계에서 받아왔던 질문들을 각색한 것입니다. 사람마다 처한 위치와 상황이 다르기 때문에 가볍게 읽어 보시고 취할 것은 취하시고 뻔한 이야기 혹은 이상적인 이야기라고 생각이 드시면 그냥 흘려보내시기를 바랍니다.

1 시간이 없다.

Q 아직 엄마 손이 많이 필요한 두 아이가 있는 10년차 직장인입니다. 업무의 전문성도 쌓이고 회사에서도 어느 정도 제 능력을 인정받고 있습니다. 하지만 아이들하고 더 많은 시간을 보내고 싶은데 그러지 못해서 항상 마음이 무겁고 죄책감을 느낄 때가 많습니다. 바쁜 업무에 치여 지내다 보면 집에 못다한 일을 가지고 와서 하는 경우도 많고, 회식에, 출장에 그러다 보면 자연스럽게 가족들의 불만도 많습니다. 빠르게 치고 올라오는 후배들, 승진을 위한 녹록지 않은 경쟁, 더 나아가 현 직장 이후의 삶을 생각해 보면 자기 계발도 해야 하는 데 그럴 시간도 없고요. 저 같은 사람도 인게이지먼트를 경험할 수 있을까요?

A 먼저 여기까지 오시느라고 고생 많으셨다는 이야기를 드리고 싶네요. 두 아이를 낳고 키우면서도 본인의 경력을 이어오셨다는 점에서 경외감이 듭니다. 지금까지 잘 해 오셨고 앞으로도

잘 하실 수 있는 분이라는 확신이 듭니다. 하지만 지금은 인게이지먼트를 경험하기에는 참 어려운, 외려 지금 인게이지먼트를 위해 더 높은 목표를 설정하거나 자기 계발에 시간을 더 투자할 경우 자칫 번아웃 그리고 종국에는 건강상의 심각한 문제가 발생할 수도 있습니다. 그리고 한 번 잃어버린 건강은, 다시 회복되기 어렵고 아무도 이 고충을 알아주지도 책임을 져주지도 않는다는 겁니다.

말씀 주신 내용들을 감안해 보면 아마도 지금 느끼고 계시는 인게이지먼트를 위한 가장 큰 어려움이 되는 직무요구는 시간에 대한 압박일 것 같습니다 **방해되는 직무요구: 시간 압박**. 몸이 두 개라도 모자르다는 생각이 들 때가 많으실 것 같습니다. 활력 편에서 말씀드린 것처럼 지금은 납작 엎드려서 몸과 마음을 가볍게 하고 반드시 해야만 하는 일을 먼저 감당해 내면서 저공비행을 하실 때라는 생각이 드네요. 이럴 때일수록 어려움이 닥쳤을 때도 빠르게 심리적으로 회복할 수 있는 회복 탄력성을 가지고 긍정적인 심리 상태를 유지하는 것이 중요해 보입니다 **개인자원: 회복 탄력성**.

JD-R 모델을 기반으로 해서 어떤 직무자원이 있는지 한 번 생각해 보면 좋을 것 같습니다. 때로 내가 가지고 있는 자원이 무엇인지를 시각화 해 보는 것이 현실적인 대안을 찾아나가는 데 도움이 될 수도 있기 때문입니다. 몸은 지치고 해는 저무는 데 아직 넘어야 산들이 많을 때 지도가 있고 없고는 심적으로 큰 차이를 만들어 낼 수 있습니다.

일단 재직하는 회사의 임직원에 대한 육아 지원을 위한 제도와 일/가정 양립을 위한 업무 환경이 어떤지 확인해 볼 필요가 있을 것 같습니다. 정규 근무 시간이 잘 지켜지고 업무 시간과 장소를 스스로 정할 수 있는 유연 근무제도 및 재택근무가 가능할 수 있으면 좋겠습니다 **직무자원: 인사제도**. 코로나 기간을 거치면서 사회 전반적으로 이러한 제도에 대한 이해와 경험이 늘어나긴 했습니다만 모든 조직들이나 직무에 적용하긴 어려울 수도 있습니다. 정규 근무 시간 이외에 공식/비공식 활동이 많지 않았으면 좋겠네요. 이러한 활동은 일/가정 양립을 위해서도 치명적인 영향을 미칠 뿐만 아니라 불평등한 학습과 네트워킹의 기회를 제공한다는 점에서 지양되어야 하는데 지금 근무하고 계신 곳에서는 어떠신지 모르겠습니다. 여기서 일/가정 양립에 대한 동종 업계의 인사 제도의 표준과 조직 문화의 수준은 어떤지 한 번 알아보시는 것도 필요할 겁니다. 물론 조직 수준에서 무한대의 직무자원을 기대하기는 어렵습니다. 하지만 최소한 내가 합당한 대우를 받고 있는지는 먼저 비교를 해 볼 필요가 있습니다. 동종 업계의 경쟁 기업들은 서로 다른 인사 정책을 운영하는 거 같기는 하지만 실제로는 경쟁사와 유사한 수준의 조건을 맞추려는 압박을 느끼기 때문이죠.

하시는 일의 특성의 관점에서 보면 자율성이 아마도 가장 중요한 직무자원이 될 것 같습니다 **직무자원: 자율성**. 일을 하는데 있어서 쓰는 방법, 절차, 일정 등에 대한 재량권이 내게 충분히 있다면 일/가정 양립에 있어서 가장 중요한 스트레스 요인인 '시간'의 문제를 완화시키는 데 도움이 될 수 있습니다. 최근에는 자율성과 관련해서 업무의 예측 가능성Predictability의 중요성도 강조되고 있습니다. 외부 환경 변화가 심한 요즘과 같은 경영 상황에서 앞으로 무슨 일이 벌어질지 모르는 불확실성이 너무 높아 하루 벌어 하루 살아야 하는 상황이 지속된다면 자율성의 의미가 퇴색되겠죠. 예를 들어, 앞에서 언급한 공식/비공식 활동들이 특정 필요에 의해 있다고 하더라도 사전에 충분한 시간을 두고 공지가 될 수 있다면 일/가정 양립에 있어 정말 중요한 직무자원이 될 것입니다.

이러한 다양한 조직/팀/개인 수준의 직무자원의 버퍼링 효과와 함께 현 상황을 대처할 수 있는 코핑이 무엇이 있을 지 한 번 고민해 보시면 좋을 것 같습니다. 저는 육아에 집중할 수 있도록 업무로부터 스위칭 오프Switching-off 할 수 있는 시간을 만드실 수 있는지 여쭤보고 싶습니다. 여기서 말하는 스위칭 오프란 특정 시간에는 모든 업무와의 연결을 끊고 오직 가족과 육아에만 집중할 수 있는 시간을 말합니다. 예를 들어, 오후 6시부터 9시까지는 절대로 업무에 대해 생각하지도 않고 업무 진척을 확인하지도 않는 것이죠. 그 시간동안 아이들과 의미 있는 시간을 보내실 수 있다면 육아가 단순히 내가 감당해야 하는 부담이 아닌 삶의 기쁨이라는 걸 느끼실 수 있을지도 모릅니다. 그리고 아이들과의 의미 있는 시간을 통해 얻는 육아의 기쁨을 인게이지먼트를 위한 직무자원으로 만드실 수 있다면 그래서 더 힘을 내서 업무에 인게이지먼트 하실 수 있다면, 시간 압박이 방해되는 직무요구가 아닌 도전적인 직무요구로 쓰시는 겁니다.

물론 쉽지 않겠죠. 퇴근 이후에도 내가 관리하는 거래처에서 급한 전화가 올 수도 있고 한 시라도 전화를 받지 않으면 난리가 나는 영화 〈악마는 프라다를 입는다〉의 메릴 스트립 같은 리더도 있을 것입니다. 여기서 제일 중요한 요소는 어떻게 스위칭오프를 위한 리더와 동료의 지원을 받을 수 있느냐 일 것입니다**직무자원: 리더 및 동료**

로 부터의 지원. 특히, 리더와 어떻게 관계를 설정하는 것이 정말 중요합니다. 유클(2012)은 리더를 과제Task-oriented, 관계Relations-oriented, 변화Change-oriented 지향의 세 가지 유형으로 구분했습니다. 과제 지향형 리더는 성과 목표를 설정하고, 그 목표를 달성하기 위한 전략 수립, 그리고 실제 계획과 성과의 차이를 분석해서 그에 따른 적절한 보상을 하는 것에 중점을 두는 유형입니다. 관계 지향형은 구성원을 지원하고, 개발하고, 인정하고, 업무를 분배하며 팀원들의 웰빙이나 경력 개발에 관심이 많습니다. 변화 지향형은 변화를 주도하고 비전을 달성하면서도 혁신 추구형 리더입니다. 질문주신 분의 리더는 어떤 유형인가요? 모든 유형이 장점과 단점이 명확할 것입니다. 아무래도 관계 중심형 리더가 훨씬 일/가정 양립에 호의적이겠죠. 하지만 과제 및 변화 지향형 리더는 어쩌면 훨씬 더 높은 수준의 보상을 제공해 줄 수도 있습니다. 돈으로 해결할 수 있는 부분도 있으니까요. 리더의 유형을 잘 파악하고 일/가정 양립을 위한 관계를 설정해 보시면 어떨까요? 리더-구성원 교환Leader-member exchange 이론에서는 리더가 모든 구성원을 동일하게 대하지 않는다는 것을 강조합니다. 내가 리더에게 줄 수 있는 효용을 명확히하고 그 교환의 대가로 자율성을 확보하실 수 있었으면 좋겠습니다. 마지막으로 문제가 생겼을 때 내 업무를 대신 땜빵해줄 수 있는 능력있고 때로 어려움을 성토할 수 있는 믿고 의지할 만한 멋진 동료가 있다면 정말 큰 직무자원이 될 것입니다.

이와 같은 내용을 JD-R 모델로 그려보면 아래와 같습니다(참고로, 가족/배우자로부터의 지원은 논외로 하도록 하겠습니다).

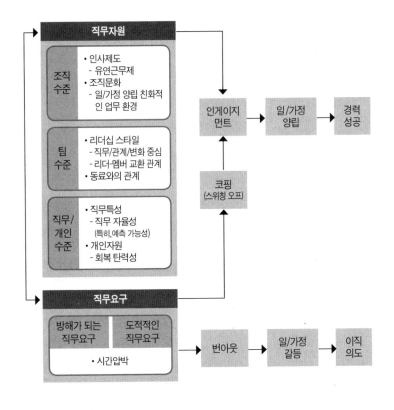

어떠신가요? 만약 그 어디로부터 얻을 수 있는 직무/개인 자원이 없다면 JD-R 모델의 이중 프로세스 모델로 인해 오래지 않아 모든 신체적/심리적 에너지가 다 빨려버리고 번아웃 상태에 놓일 수 있습니다. 일과 가정이라는 삶의 가장 중요한 두 터전에서 곡소리가 나는 사면초가에 빠질 수도 있을 겁니다. 그러다 보면 자연스럽게 가슴속에 고이 간직한 사직서로 손이 갈지도 모릅니다. 일/가정 양립을 통해 원하시는 삶과 경력에서의 성공을 기원합니다.

2 재미가 없다.

Q 청운의 꿈을 꾸며 현 직장에 입사한지도 벌써 5년이 다 되어
갑니다. 제가 다니는 회사의 사업부는 전세계 1위 제품을
생산하는 제조업체라 학생 때부터 꼭 오고 싶었고 처우도 좋은 꿈에
도 그리던 그런 곳이었습니다. 학부 및 석사 전공을 살려 연구원이 되
었고 제 일에 관해서 만큼은 꼼꼼하게 업무를 잘 처리하고 성실하다
는 평가를 받으면서 생활을 하고 있었습니다. 처음 이삼년은 업무를
배우느라 정말 바쁘고 때로 어려운 일도 많았지만 시간 가는지 모르
고 재미있게 지낼 수 있었습니다. 그런데 저는 얼마 전부터 심각하게
업무에서 흥미를 잃어 왔습니다. 먼저 제가 하는 일이 어느 정도 손에
익다 보니 어떤 상황에서도 적당히 처리할 수 있고 딱히 일에서 느끼
는 어려움도 그렇다고 즐거움도 없습니다. 은퇴 후를 준비해야 한다
는 생각에 주식 투자를 시작했는데 하루 종일 주식 차트가 눈앞에 아
른거립니다. 나의 미래가 될 선배님들의 무기력한 모습을 보면 더욱
가슴이 답답해 옵니다. 선배님들이 사적인 자리에서는 "이봐 OOO 연
구원, 나이 한 살이라도 어릴 때 좋은 데 찾아서 어서 떠나라고. 떠날
수 있는 시간이 얼마 남지 않았어!"라는 이야기를 들을 때면 미래에
대한 걱정이 앞섭니다. 저도 원래부터 이렇지는 않았습니다. 교수님
이 강의하신 것처럼 아침에 일어나면 일하러 가고 싶던 시절이 있었
습니다. 매일매일 조금씩 성장하던 저 자신을 바라보며 뿌듯해하던
아름답던 날들이었죠. 어떻게 하면 그 시절로 돌아갈 수 있을까요?

A 참 어려운 상황에 맞닥뜨리신 것 같습니다. 저 역시도 코로나를 즈음해서 비슷한 경험을 했었습니다. 세상은 이렇게 빨리 변해가고 있었는데, 내가 공부하고 있는 것들이 현실과 너무 동떨어져 있다고 느끼면서 점점 흥미를 잃어가고 있었습니다. 그리고 그 고민의 결과로 지금 이 책을 쓰고 있습니다. 참 마음을 잡기 어려운 날들이 있었습니다.

질문 주신 분께서는 지금 본인의 역량 대비 낮은 과제의 난이도와 가치로 인해 지루함Boredom을 느끼고 계신 거라는 생각이 듭니다. 사실 과제의 난이도가 높은데 적절한 역량을 가지고 있지 않아서 일에서 느끼는 과도한 스트레스로 인한 불안 그리고 이로인한 번아웃은 여러 가지 조언이 가능합니다. 문제가 한두 개가 아니고 복잡하게 얽혀있기 때문에 다양한 해법을 시도할 여지가 존재하기 때문입니다. 하지만 지루함은 정말 답을 찾기가 어렵고 때로 백약이 무효인 경우가 많습니다. 그리고 이 지루함은 생각보다 심각한 문제를 야기할 수도 있는 심리적 상태입니다. 화티어쳐Pfattheicher와 동료들의 연구(2021)에서는 지루함이 다른 사람을 재미로 괴롭히는 가학 행동을 유발하는 데 주요한 역할을 한다고 주장합니다. 어쩌면 삶과 경력에 있어서 굉장히 중요한 시점일 수 있기에 현명한 판단이 필요한 때인 것 같습니다.

특히, 지금 처하신 것과 같은 상황을 경력 고원Career plateau이라고 할 수 있을 것 같습니다. 고원이란 높은 시내에 있는 평평한 땅을 일컫는데 경력 고원에서 너무 혼자 오래 걸어오신 것 같습니다. 경력 고원은 일에서 어느 정도 직무만족을 느끼면서 딱히 새로운 기술이 필요하거나 새로운 직업을 가질 가능성도 없고 어느 정도 위치에 오르니 더 이상 승진을 통해 올라갈 곳이 없는 것 같은 믿음을 말합니다.[105] 플로우 개념에서 이야기 드린 것처럼 본인의 역량에 맞는 새로운 도전적인 과제를 설정하셔서 다음 등반을 준비해야하는 때가 아닌가 싶습니다. (51쪽 이미지 참고)

먼저 이런 상황에서 크게 두 가지 선택이 있을 겁니다. 회사에 남아서 승부를 볼 것이냐, 그렇지 않으며 회사 밖으로 나갈 준비를 할 것이냐? 먼저 회사 밖은 춥습니다. 한국은 경력사원을 위한 외부 노동시장이 매우 협소한 방면 승진을 통해서 경력 성공을 도모할 수 있는 내부 노동시장에서 아직은 더 큰 기회를 잡을 수 있기 때문입니다 (미국의 경우는 이 반대여서 미국이라면 반드시 이직을 권했을 겁니다). 전 세계 1위를 한다는 좋은 직장을 나와서 더 좋은 곳으로 성공적으로 이직을 한다는 보장이 없습니다. 물론 나와서 잘 될 수도 있고 어차피 맘이 떠난 김에 선배님들 조언처럼 하루라도 빨리 다른 직장을 알아보는 것이 어쩌면 더 괜찮은 선택일 수도 있습니다. 하지만 나올 때 나오더라도 현 직장에서 한 번 더 승부를 걸어보시면 어떨까 싶습니다. 만약 한 번 승부를 본다고 하면 조직 내 경력 성장Organizational career growth을 위한 다음 네 가지 요인[106]에서 직무자원을 얻을 수 있을지 찾아보시기 바랍니다.

---

105 Yang et al. (2019)
106 Weng & McElroy (2012)

외재적 경력 성장

- 승진 속도: 빠르게 승진할 수 있는 가능성은 어떠한가?

- 급여 상승: 급여 상승의 속도, 양, 가능성은 어떠한가?

내재적 경력 성장

- 경력 목표 진전: 경력 목표를 달성하기 위해 내가 적절한 기회를 제공받고 있는가?

- 전문성 개발: 새로운 지식과 기술을 습득할 수 기회가 부여되고 있는가?

승진 속도와 급여 상승은 외재적 경력 성장이라고 합니다. 아마도 제조업 연구 조직의 현재 연차에서 조기 승진 트랙Fast track을 타거나 혁신적인 제품 개발을 통해서 급여를 높일 수 있는 방법은 생각보다 많지 않을 것 같습니다. 그렇다면 스스로의 경력 목표를 재설정하고 이를 달성하기 위해 전문성을 개발하는 내재적 경력 성장의 길을 찾아볼 수 있을까요?

회사 선배님들의 경우를 보면서 반면교사를 삼아보면 어떨까 싶습니다. 선배님들의 무기력한 모습은 개개인의 잘못이라기보다는 회사 특화 기술Firm-specific skills의 잠금Lock-in 효과에 의한 구조적인 문제에 봉착하셨다고 저는 판단합니다. 인적자본 이론에서는 인적자본을 일반 기술General skills과 회사 특화 기술로 나눕니다. 일반 기술은 인사, 마케팅, 회계 업무처럼 어느 조직에서도 쉽게 적용될 수 있는 가능성이 높은 기술을 의미합니다. 대표적인 일반 기술의 하나가 회계 업무입니다. 회계의 경우 법적인 표준이 정해져 있어서 대개의 경우 어느 산업이나 조직에서도 요구되는 상당한 수준의 공통적인 기술이 존재합니다.

이와 반대로 회사 특화 기술은 한 조직의 차별화된 경쟁력을 가져오는 핵심 역량이지만, 현 조직에서만 의미가 있고 다른 조직에 가면 적용하기 어렵거나 불가능한 기술을 말합니다. 글로벌화된 시장 경쟁 속에서 성공하는 조직들은 어떻게 그 성공들을 지속시킬 수 있을까요? 학자들은 영속적으로 성공하는 기업들은 차별적인 기술을 가지고 있어서 다른 경쟁사들이 시장에 진입하여 이익을 뺏어가는 것을 방어하는 격리 매커니즘Isolating mechanisms을 가지고 있다고 이야기합니다.[107] 그리고 이러한 조직들은 경쟁사들에게는 없는 회사 특화 기술을 가지고 있는 전문 인력이 많다는 것을 의미합니다. 예를 들어 코카콜라의 독특한 맛과 브랜드 가치 그리고 오랜 기간 동안 구축된 고객들의 충성도를 관리하는 능력은 경쟁사들이 이겨내기 어려운 회사 특화 기술이고 그 임직원들은 이러한 회사 특화 기술의 장점을 극대화하는지 알고 있습니다.

문제는 이러한 회사 특화 기술은 직원의 관점에서 보면 경력 채용 시장에서 교환하기 어렵다는 점입니다. 코카콜라의 독특한 맛은 펩시콜라를 이길 수 있는 회사 특화 기술이지만 이 기술을 가지고 이직하는 것은 쉽지 않습니다. 콜라를 만드는 회사가 전 세계에 몇 개 없어 이직을 할 만한 괜찮은 회사가 몇 개 되지 않는데다가 경쟁사로 이직하는 데는 여러 법적인 어려움이 존재합니다. 또한 내가 가진 이 회사 특화 기술을 가지고 경쟁사로 이직한다 하더라도 경쟁사 특유의

---

107 Hatch & Dyer (2004)

경영 시스템과 조직 문화로 인해서 이를 적절히 활용하기가 어려운 경우가 많기 때문입니다.

이와는 반대로 일반적인 기술을 보유하고 있는 코카콜라의 회계 전문가는 유사한 소비재 혹은 전혀 다른 산업 분야로의 이직이 가능합니다. 그렇기 때문에 임직원 입장에서는 당연히 한 회사에 잠금 되고 싶지 않기 때문에 한 회사에 특화된 기술을 배우는 것을 선호하지 않을 수 있습니다. 안정적인 평생직장에서 한 평생동안 일할 때는 회사 특화 기술을 습득하는 것이 문제가 되지 않을뿐더러 오히려 고용 가능성을 높일 수 있던 시절도 있었습니다. 하지만 지금처럼 한 기업의 존속 연수가 갈수록 짧아지고 경력 이직이 일반화되고 있는 상황에서 한 개인은 선택을 강요당할 수밖에 없습니다. 경력 채용시장에서 교환이 용이할 수 있는 일반적인 기술을 습득하기 위해 회계, 인사, 마케팅 업무 같은 소위 스태프 업무로 넘어갈 것이냐? 그렇지 않다면 내가 가지고 있는 회사 특화 기술을 좀 더 고도화해서 엔지니어로 혹은 엔지니어링 조직의 리더로 이 회사에서 성공할 것이냐?

어떤 선택이든 의미가 있지만, 지금은 일반 기술 이건 회사 특화 기술이든 어떤 방식으로든 직무 순환Job rotation을 시도해 보는 것을 고려해 보실 수 있을 것 같습니다. 드라마 〈미치지 않고서야〉를 보면 엔지니어로 잔뼈가 굵었던 정재영 님이 타의에 의해 인사팀으로 전입을 와서 벌이는 좌충우돌이 잘 그려져 있습니다. 인사팀의 업무는 스태프 부서 특성상 보고서 작성도 잘 해야 하고 조직 내 정치적인 다이나믹스에도 훨씬 더 높은 수준의 균형 감각을 요구할 뿐만 아니라 앞으로 닥칠 일을 예측해 업무에 반영할 수 있는 기획 능력도 필요할 것입니다. 지금까지와는 전혀 다른 성격의 지식과 기술을 습득하기 위해 재교육뿐만 아니라 추가적인 학위를 받는 것과 같은 전문성 개발이 필요할 겁니다.

물론 이렇게 개인적인 준비를 한다고 하더라도 일반적인 기술이 노동 시장에서 선호되는지는 각자의 경력과 상황에 따라서 천차만별일 수도 있습니다. 드라마에서 인사팀장인 문소리 님은 이렇게 말합니다.

"너희 같은 기술쟁이는 기술이라도 있지,
나 같은 인사쟁이 40대는 재취업도 안 돼!"

어떠신가요? 인생의 이모작을 위해서 지금이라도 다시 한번 그 가슴 뛰는 경험에 도전해 보실 용기가 샘솟고 있나요? 그래서 인게이지먼트로 넘치던 그 아침에 다시 일어나고 싶으신가요? 이 어려운 결정을 위해서는 지금까지 내가 걸어온 엔지니어로서의 경력에 대한 애착이 어떠한가를 가늠해 보시기를 바랍니다. 지금까지 쭉 걸어왔던 경력에서 벗어나 새로운 가능성에 도전해 보고 싶은지 그리고 새로운 길을 가다가 중지곳 하지 않을 정도로 확신이 있는지요? 그것은 아주 고독한 결정이 될 것입니다.

3 시작점이 없다.

 인게이지먼트에 관해서 발표해주신 내용 잘 들었습니다. 요즘 회사에서 받는 스트레스가 너무 심한데 아마 번아웃 상태인 것 같습니다. 하지만 현실에서 직무자원을 얻기가 그렇게 쉽지는 않습니다. 팀장님하고 관계가 좋지 않아서 직무자원을 얻기 위해 협의를 해 보는 것이 거의 불가능한 상황입니다. 경쟁 상대인 동료가 기꺼이 내 일을 대신 백업해 줄 리도 만무 합니다. 인사팀은 참 문턱이 높고 사실 인사팀이 나를 위해 진정으로 일 해줄 수 있을지 의구심이 듭니다. 문제가 발생했을 때 인사팀은 회사의 이익을 위한 결정을 하나요? 아니면 나를 보호해 주기 위해서 헌신하나요? 제게는 매번 전자처럼 느껴졌었습니다. 그렇다면 인게이지먼트를 위해 지금 당장 내가 할 수 있는 건 무엇일까요?

A 기다리던 질문이 나온 것 같습니다. 충분히 예상되는 상황입니다. 직무자원은 조직의 환경적 요인들이기 때문에 한 명의 직원의 목소리로 이것을 바꾸기란 쉽지 않고 그것이 설혹 가능하다 하더라도 오랜 시간이 걸리거나 혹은 외부의 변수가 있어야 변화를 기대해 볼 수 있을 겁니다. 사실 현실에 더 가까운 시나리오는 온갖 역경을 이겨낸 내가 스스로 인게이지먼트를 위한 환경을 만드는 것 보다는(모든 사람이 에린 브로코비치가 되기는 어렵습니다.) 인게이지먼트를 위해 준비되어 있는 내가 어떤 특정한 기회를 만나 인게이지먼트를 경험하는 것이 더 정확할 거 같습니다. 기회가 왔을 때 때려잡는 거죠.

이제 그러면 어떻게 인게이지먼트로 갈 수 있는지 그 첫 단추에 대해서 이야기해보려고 합니다. 앞서 저는 인게이지먼트가 심리적 상태임을 강조하였습니다. 우리의 하루는 같지 않기 때문에 인게이지먼트가 시시각각 변화한다는 것이죠. 여기서 중요한 것은 이렇게 맹렬히 변화하고 싶어하는 인게이지먼트의 변화의 폭을 최대한 줄이고 일정한 수준의 나선형 성장을 만들어 내는 것입니다. 이를 위해서는 하루하루의 스트레스를 제때 치유하고 인게이지먼트를 위한 신체적/심리적 에너지를 보충하여 스트레스를 받기 이전의 상태로 돌아갈 수 있는 회복Recovery 프로세스를 하루하루 일상의 루틴으로 만들어내는 것입니다.[108] 그리고 이러한 회복 프로세스는 인게이지먼트의 구성 요소인 활력에 긍정적인 영향을 미칠 수 있습니다.

"나는 녹화를 하게 되면 나는 그 예전에도 그랬거든
그건 확실했어. 전날, 예를 들면, 놀러 간다거나
전날 밤새고 논다거나 술도 못하지만 철저하게 방송에 맞춰서
내 컨디션을 조절했기 때문에 그거는 예나 지금이나."
- 유재석, 「일로 만난 사이」-

소넨텍과 프리츠(2007)는 회복 프로세스에서 휴식Relaxation의 중요성을 강조합니다. 휴식은 몸과 마음의 휴식을 위해 '의도적'으로 선택한 활동들을 말합니다. 가벼운 산책 혹은 명상, 음악 감상, 또는 독서나 외국어 배우기 같은 인지적인 다양한 활동들이 있을 수 있습니다. 이러한 휴식은 기본적으로 어떤 사회적인 요구를 배제시켜야 하는 것이 특징인데 드라마 〈나의 해방일지〉를 보면 김지원 님이 회사 행복

---

108 Meijman & Mulder (1998)

지원센터에 끌려가서 동호회 가입을 권유받는 장면이 나옵니다. 드라마 속 행복지원센터라는 타이틀이 지향하는 목적과 달리 직장 내 동호회는 사실 회복의 관점에서 보면 그렇게 썩 좋지 않은 어쩌면 최악의 선택일 것 같습니다. 사회적인 요구로부터 절대 자유롭지 못하고 첫번째 케이스에서 언급한 업무 시간 이후에 업무로부터 완벽히 스위칭오프를 할 수 없기 때문입니다.

회복 프로세스를 위해 지금부터 시작해서 일생을 통해서 즐기실 수 있는 운동을 하나 찾으시기를 추천 드립니다. 그리고 그 운동을 삶의 중심에 놓고 하루하루의 루틴을 짜보시면 인게이지먼트와 건강한 삶의 습관 사이에 상승 효과를 기대해 볼 수 있기 때문입니다. 회복의 관점에서 보면 일단 운동을 할 때 완전히 일로부터 심리적으로 분리될 수 있고Psychological detachment, 업무 이외의 영역에서 목표를 설정하고 달성함으로서 성취감을 느낄 수 있는 기회를 만들어 낼 수 있습니다. 운동에 필요한 시간을 확보하기 위해서 시간을 쪼개고 쪼개야 하니 업무에서의 심취가 높아질 수 있습니다. 운동을 해야 한다면 어떻게든 불필요한 회식과 야근을 피하려고 하는 습관이 생깁니다. 운동을 하면 잠도 잘 옵니다. 몸이 피곤하니까요. 또한 운동을 하다보면 직장 밖에서 사회적인 요구로부터 자유로운 새로운 사회적 관계를 만들 수도 있습니다.

"나에게도 같은 일이 생겼다. 한 사람에게 어떤 운동 하나가
삶의 중심 어딘가에 들어온다는 것은 생각보다 커다란 일이었다.
일상의 시간표가 달라졌고 사는 옷과 신발이 달라졌고

몸의 자세가 달라졌고 마음의 자세가 달라졌고
몸을 대하는 마음의 자세가 달라졌다. 축구의 경험이 쌓이는 만큼
내 몸과 마음의 어떤 감각들이 깨어나는 걸 느끼면서,
축구가 너무 재미있어서 어쩔 줄 모르겠는 기분을 느끼면서,
선수들과 이런 말을 주고받곤 했다. "왜 진작 축구를 하지 않았을까?"
사실 이 질문을 좀 더 엄밀하게 고치면 이렇다. "
어렸을 때 우리는 왜 축구할 기회가 없었을까?"
"우리는 정말 운동을 싫어했을까?""

〈우아하고 호쾌한 여자 축구〉 중에서-

아마노와 동료들(2020)은 인게이지먼트와 운동과의 관계에 대한 연구에서 운동을 다음과 같은 네 가지 분류로 측정합니다: '운동안함', '일주일에 한 번 가벼운 운동', '일주일에 한두 번 강한 운동', '일주일에 세 번 이상 강한 운동'. 사실, 일주일에 세 번 이상 강한 운동은 업무에 있어서 높은 자율성과 적정 근무시간이 보장되어야지 가능할 수 있을 것입니다. 하지만 일주일에 한 번 가벼운 운동은 그래도 가능하지 않을까요? 그렇게 하다가 일주일에 한두 번 혹은 세 번 이상의 강한 운동으로 옮겨가는 건 어려울까요?

미국에는 주치의 개념이 있어서 저는 제 주치의를 정기적으로 만나서 건강 진단을 받습니다. 그럴 때마다 운동을 해야 한다는 권유를 저는 매번 무시해 왔습니다. "이렇게 바쁜데 운동 할 시간이 도대체 어디 있어?" "운동 하나 안하나 비슷하던데?" "의사 선생님들은 매번 비슷한 말만 하지 뭐." 자신만만했던 저는 주요 장기에 악성 종양이

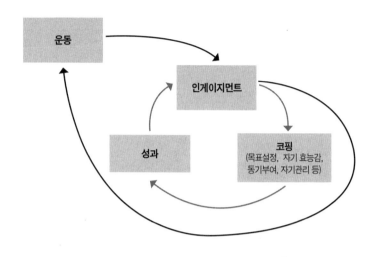

있고 바로 수술을 하지 않으면 생명에 심각한 위험이 있다는 진단을 받고는 한 번에 무너졌습니다. 지금까지 주치의의 권유를 무시해왔던 날들을 후회하며 가족들이 눈앞에 아른거리며 눈 앞이 깜깜해졌습니다. 그리고 바로 다음 날 피트니스 센터에 등록을 했고 지금은 매 주 세 번의 강한 운동을 하면서 인게이지먼트를 경험하며 살고 있습니다. 학생들로부터 받은 고통, 외국 생활에서 오는 헛헛함, 그리고 점점 커가는 아이를 잘 키워야 한다는 책임감에 눌려 있다가도 운동을 하고 나면 한결 스트레스가 풀리고 일에 집중할 수 있는 에너지를 얻습니다. 인게이지먼트로 가는 첫 걸음이 너무 늦지 않으시기를 기원합니다.

4 필요 없다.

Q 인게이지먼트와 관련해서 여러 가지 흥미로운 지점이 있기는 하지만 결국은 열심히 일하라는 것 아닌가요? 저는 인게

이지먼트 없이도 조직 생활을 잘하고 있다고 생각하고 있습니다. 회사에서 하는 일은 어차피 그냥 해야하는 일이니까요. 인게이지먼트가 제게도 필요할까요? 그냥 이렇게 오늘만 대충 수습하면서 직장생활 하면 안 되나요?

A 인게이지먼트 없이도 현 조직에 만족하고 지내시고 있으시다면 진심으로 그 시간들이 지속되고 충분히 즐기실 수 있으면 좋겠습니다. 그러기가 쉽지 않은데 참 부럽네요.

그런데 우리네 사는 것이 그렇게 원하는 데로만 흘러간다면 얼마나 좋겠습니까? 저는 죽을 때까지 고용이 보장되는 종신 교수지만 그 이전에 직장인이고 저 역시도 조직에서의 생활에 영원한 것은 없다는 것 그리고 나의 경력이 계획된 길대로만 가지 않는다는 걸 느낄 때가 많은 것 같습니다. 한때 안정적이고 만족스러운 직장과 직업이라 할지라도 급작스러운 경제 상황의 변화, 노동법을 포함한 법률과 규제의 변화, 인수합병 그리고 조직개편과 같은 조직 구조의 변화, 새로운 기술의 등장과 기존 기술의 효용성 감소 등과 같은 다양한 그리고 피할 수 없는 변화가 우리를 기다리고 있습니다. 또한, 평화로운 나의 삶에 어느 날 갑자기 독성 리더를 만날 수도 있고 나와는 1도 맞지 않는 동료 때문에 행복했던 나의 출근길이 하루만에 지옥으로 변할 수도 있습니다. 출산, 질병, 주거, 해고, 은퇴 등 나의 개인적인 상황의 변화로 인한 일과 가정의 양립에 문제가 생길 수도 있습니다.

이렇게 우리의 삶은 시시각각 변화하고 인게이지먼트도 그 변화에 맞춰서 움직입니다. 그리고 그 변화는 내 행복에 지대한 영향을 미치는데 일에서 갖는 행복감 즉 인게이지먼트 없이 내 삶에서 행복하기는 여간 쉽지 않습니다. 일이란 그리고 내가 만들어가는 경력이란 내 삶에서 있어서 너무나 큰 의미를 차지하기 때문입니다.

경력 건설Career construction 이론에서는 이처럼 한 개인이 삶과 경력에서 변화에 맞닥드렸을 때, 인게이지먼트가 그 변화에 적응할 수 있도록 촉진하는 주요 동기부여 지표라고 말합니다.[109] 만약 지금 경력 초창기시라면 지금은 인게이지먼트를 경험하건 말건 그 차이가 그렇게 크게 느끼지 않을 수도 있습니다. 하지만 경력은 단순히 지금 이 시점에서만 존재하는 한 순간의 이벤트가 아닌 경제생활을 하는 일생을 통해서 지속되고 축적되는 프로세스입니다. 비슷한 시기에 경력을 시작한 친구와 동료들 중에서도 인게이지먼트를 통해 다양한 도전들을 잘 대처해내면서 자신의 경력을 가꾸어 나간 사람들이 양과 질 모두에서 높은 수준의 경력에서의 성공을 보여주는 것을 보실 수 있을 겁니다.

여기서 말하는 경력 성공Career success은 "개인의 경험으로부터 축적된 긍정적인 심리적 성취 및 결과물"이라고 정의되고는 합니다.[110] 경력 성공은 먼저 객관적인 지표들을 통해 알 수 있을 것입니다. 열심히 일해서 승진하고 보상받는 것 그리고 그를 통해 권력과 명예를 얻는 것. 직장인에게는 그만한게 없죠.

---

109 Xie et al. (2016)
110 Arthur et al. (2005)

"오과장 말이야 차장 2년차로 올리도록 해.

알겠습니다. 내년 상반기에 바로 반영하도록 하겠습니다.

하반기 인사발령이 언제지?

일주일 뒤입니다.

그때 하도록 하지 직장인이 봉급하고

때에 걸맞은 승진 아니면 뭘로 보상 받겠나?"

-〈미생〉, 부사장-

하지만 승진과 보상만으로 살 수는 없을 겁니다. 우리는 XX지가 아니니까요. 그래서 경력 성공에는 객관적 그리고 주관적인 측면이 있는데, 객관적 경력 성공은 '제삼자'에게 보일 수 있고, 평가되고, 인정되는 성공을 말하고, 주관적 경력 성공은 '나에 의해서 스스로' 정의되고 평가되는 개인적으로 의미 있는 성취의 경험을 말합니다.[111]

객관적 경력 성공에 관해서는 '제삼자에 의해서'라는 표현과 함께 요즘 조직들 특히, 글로벌 기업들은 왜 인게이지먼트를 강조하는지를 다시 한번 생각해 볼 필요가 있습니다. 그것은 바로 인게이지먼트가 높을수록 남다른 성과를 보여줄 가능성이 높고 창의적이고 혁신적인 아이디어들이 실행될 수 있기 때문입니다. 인게이지먼트를 통해 만약 좋은 업무 결과를 만들어 낸 경험이 있다면 객관적 경력 성공을 위한 기회 혹은 위기가 왔을 때 여러분을 지켜보고 있던 그 누군가 제삼자가 여러분에게 경력의 사다리를 내려 줄 가능성이 높습

---

[111] Chen et al. (2022)

니다. 또한 인사 분야에서 최근 유행하고 있는 '피플 애널리틱스People analytics'라는 트렌드는 기업들이 다양한 데이터와 분석 기법들을 통해 인게이지먼트가 높고 혁신적인 행동을 기대할 수 있는 인재를 찾는 데 큰 관심이 있다는 것을 보여줍니다. 일을 대하는 나의 태도와 행동이 객관화될수록 오늘만 대충 수습하면서 경력 성공을 기대하기란 점점 어려운 시대가 되어가고 있습니다.

요즘에는 객관적 경력 성공만큼이나 주관적인 경력 성공에 대한 관심이 많습니다. 엔지와 펠드만(2014)은 주관적 경력 성공에 대한 메타 연구에서 인게이지먼트가 주관적 경력 성공에 가장 큰 영향을 미치는 심리적 요인의 하나임을 강조합니다. 내가 스스로 설정한 나의 경력 목표를 이루기 위해 인게이지먼트 한 상태로 일하는 것이 관련이 크다는 겁니다. 그리고 그때의 인게이지먼트는 성별, 학력, 결혼 여부, 자녀 유무, 성격과 같은 나의 개인적인 조건 그리고 조직에서의 사회적 관계보다도 더 주관적 경력 성공과 관련이 있다고 이야기합니다. 그것이 바로 제가 아무것도 가진 것도 준비된 것도 없었던 에린 브로코비치가 인게이지먼트의 화신이라고 이야기한 근거이기도 합니다.

"순간순간의 성실한 최선이 반집의 승리를 가능케 하는 것이다.
순간을 놓친다는 건, 전체를 잃고 패배하는 걸 의미한다."
-〈미생〉, 장그래-

물론 일은 그냥 일일지도 모릅니다. 뭐 대단한 거 한다고 난리일지도 모르죠. 일에서 의미를 찾아야 한다는 그래서 좀 더 성공적인 경력을 만들어야 한다는 조바심이 외려 나를 더 불행하게 만들지도 모릅니다. 그런데 그 별것도 아닌 일이 하루하루의 인게이지먼트로 충만하다면 얼마나 행복할까요?

5 탈출구가 없다.

Q 방금 질문과는 방향이 다른 것 같아서 이어서 질문 드립니다. 저는 현재 조직에서 아무리 열과 성을 다해서 일해도 제대로 된 평가를 못 받고 있는 것 같습니다. 업무가 너무 주먹구구식이고 그때그때 임기응변식으로 처리해야할 일이 많아서 제가 저 자신을 갈아 넣어야 하다보니 스트레스도 너무 심하네요. 이렇게 짜치는 일만 하다가 제 경력도 쫑날 거 같고 그냥 퇴사하고 싶어요. 저는 어떻게 해야하나요?

A 조직이 여러분의 인게이지먼트를 이용할 수 있습니다. 그리고 만약 인게이지먼트에 대한 제대로 된 보상과 인정이 돌아오지 않는다면 퇴사를 고려해 보실 수 있을겁니다. 인게이지먼트는 앞서 이야기한 사회 교환 이론의 기반하에 서 있습니다. 어느 한쪽이라도 의무를 다하지 않고 합당한 교환이 이루어지지 않는다면 심리적 계약은 깨지게 되어 있습니다. 그런데 퇴사를 할 때 하더라도 좋은 이직을 하시기를 추천합니다.

워싱턴 대학교의 리 교수와 동료들은(2014) 왜 사람들이 떠나지 않고 남았는가?를 연구하기 시작합니다. 그리고 조직을 떠나지 않고 남은 사람들의 세 가지 이유를 밝혀내며 '직무 배태성Job embeddedness'이라는 개념을 고안하게 됩니다. 배태성은 뿌리 박혀있다는 의미로 그 구성 요인으로 연결고리Links, 적합성Fit, 그리고 희생Sacrifice이 있는데 이 세 가지 요인들이 이직 의도와 관련이 있다는 것입니다.

첫 번째, 연결고리는 내가 다른 사람들 혹은 어떤 활동에 연결되어 있는 정도를 말하는데 업무와 관련해서 혹은 업무 이외의 인간관계의 연결고리가 많을수록 이직 가능성이 줄어듭니다. 넷플릭스가 그들의 최고 가치로 빽가게 멋진 동료들의 중요성을 이야기하는 것이나 갤럽 Q12에서 조직 내 베스트 프렌드가 있는지를 물어보는 것도 바로 이러한 연결고리의 중요성을 강조하는 것입니다. 좋은 동료와 리더는 최고의 복지라는 말이 있을 정도로 인게이지먼트를 위한 가장 중요한 직무자원의 하나일 뿐만 아니라 훌륭한 구성원을 한 조직에 뿌리내리는 직무 배태성의 중요한 요인이 됩니다. 만약 조직 내에 빽가게 멋진 동료들이 떠나고 있고 그 빈자리를 새로운 멋진 동료로 채우지 못하거나 공석이 된다면 그것은 퇴사를 위한 중요한 사전 징후일 것입니다.

둘째, 적합성은 조직이 가고자 하는 방향 그리고 그 조직에서 내가 하는 일이 나의 개인적인 가치 그리고 장래의 경력 개발의 방향과 얼마나 일치하느냐에 대한 정도를 말합니다. 사람들은 일은 맘에 들지는 않지만 내가 다니는 직장이 좋은 곳이어서 떠나지 않는 경우도 있고 직장은 별로 마음에 들지 않지만 내가 하는 일이 좋아서 떠나지 않을 수도, 정말 운 좋게도 조직과 일 모두가 좋아서 떠나지 않을 수도 있을 겁니다. 한 기업리뷰 사이트의 글 중에서 '물경력'이라는 용어를 본 적이 있습니다. 맡고 있는 업무의 난이도가 너무 낮고 전문성이 없거나, 무한 반복적이거나, 또는 너무 특수해서(즉, 회사 특화 기술이어서) 나의 경력에 도움이 되지 않는 일을 오랫동안 해야하는 경우입니다. 아마도 질문 주신 분들은 물경력이 될까 걱정하시는 것 같은데 이렇게 적합성이 높지 않은 물경력 상태에서는 상사와 이야기를 해서 업무를 조정하거나 다양한 직무자원들을 활용해 업무의 가치를 높이는 잡 크래프팅(직무재창조)[112]을 할 수 있어야 하는데 그러기가 쉽지 않을 것 같습니다.

마지막으로 이직을 결정할 때 가장 중요한 요소인 희생이 있습니다. 퇴사를 하게 되면 내가 지금까지 이 조직에서 일하면서 얻었던 어떤 업무와 관련한 혹은 업무 이외의 물질적이고 심리적인 이점들을 포기해야 하는지를 심사숙고 해보시기를 추천합니다. 현재 누리고 있는 당연하다고 생각해 온 혜택들이 있지는 않은가요? 누울 자리 보지 않고 즉자적으로 퇴사를 하는 경우가 많고 그러한 퇴사 후에는 오히려 경력이 꼬이는 경우도 많습니다. 나의 퇴사 의사결정이 가족과 밀접히 관련되는 것이 있다면 정말 더욱 신중을 가해야 할 것입니다.

반대로 인사의 관점에서 보면 이 세 가지는 우수한 인재를 확보하기 위해 반드시 체크해야하는 요인이 됩니다. 물론, 훌륭한 인재가 떠나는 것을 막기는 어렵습니다. 훌륭한 자질로 성과를 보여주는 사람들은 어느 조직이나 원하기 때문이죠. 하지만 훌륭한 인재를 다시 뽑

---

112 Tims et al. (2012)

아올 능력이 있어야겠죠. 건전한 조직은 이직율이 없거나 낮은 조직이 아닌, 이직이 발생해도 더 훌륭한 인재를 뽑아올 수 있는 조직이기 때문입니다. 그런데 더 훌륭한 사람을 뽑아오지 못한다면 그것은 배가 난파하고 있다는 것을 말하고 조만간 사업의 성과에 문제가 생길 수도 있습니다.

한국의 조직들은 눈에 보이지 않는 기업의 가치관을 경영의 원칙으로 공표하는 가치관 경영을 중시합니다. 핵심 가치, OO 웨이, 경영의 지속 가능성 인덱스 같은 문구를 보신 적이 있으실 겁니다. 최근에는 기업의 사회적 역할을 충실히 수행하는 조직에서 일하고 싶어하는 구직자들의 트렌드도 있습니다. 하지만 이러한 훌륭한 가치관이 현실에서 제대로 작동하지 않고 단순한 종이로만 존재할 때 조직의 구성원들은 가치관 불일치Value incongruence를 느끼게 됩니다. 직원들이 자신의 삶의 가치를 지켜나가면서 경력을 쌓고 있는지를 확인하고 조직의 의사결정이 조직의 핵심가치에 부합하고 있는지를 정기적으로 조사해 보고 이상과 현실의 차이를 줄이려는 노력이 구성원들의 적합성을 높여줄 것입니다.

직장 생활을 하다 보면 3년마다 위기가 찾아온다고 하죠? 사람은 적응의 동물이고 한 조직에서 적응이 끝날 시기가 되면 자극이 줄어들기 마련이고 내 주변의 소중한 연결고리와 적합성의 가치에 의문을 갖기 시작할 수 있습니다. 나와 관련한 모든 것이 마냥 다 좋아도 그냥 별다른 이유없이 슬럼프에 빠지는 것이 사람의 마음입니다. 이런 위기의 시기에 우리 조직의 인사제도는 인게이지먼트로 가득 찬 구성원을 배태시키는 데 큰 역할을 합니다. 이직으로 인한 희생을 생각해보게 만드니까요. 〈Level.fyi〉라는 사이트는 미국의 IT 기업들을 중심으로 직급별 급여와 각종 복리후생을 비교하는 정보를 제공해 주고 있습니다. 우리 조직에서 제공하는 인사와 관련한 혜택들은 충분히 매력적인가요? 혹시 너무 보잘 것 없어서 이직의도에 브레이크를 걸어줄 수 없는 건 아닌가요?

영화 〈신세계〉를 보면 배우 이정재 님이 연기한 이자성은 전형적으로 직무배태성을 잃고 조직을 떠난 사람 같아 보입니다. 연결고리 관점에서 보면, 같은 경찰이었던 이신우(송지효)와 석무(김윤성)도 죽고 믿었던 리더 강 과장(최민식)은 경찰로 복귀시켜주겠는 철석같던 약속을 저버리죠. 정의를 실현하고자 경찰이 되고자 했던 사람이 범죄조직에 잠입해서 깡패로 8년을 살다보니 얼마나 적합성이 낮았을까요? 그런데 폭력과 살인이 일상인 그 일을 평생해야 한다고 생각하면 정말 기가 찰 노릇일 겁니다. 거기에 업무 수행과정에서 가족을 잃는 아픔에 범죄조직의 회장이 되면서 더 이상 희생해야 할 것도 없다는 생각이 들었을 겁니다. 그런데 이 지점에서 주목해야 할 점은 바로 직속 상사 강 과장의 태도입니다.

고 국장: 근데 이자성이 그놈 말인데... 고분고분 할까?
대가리가 굵어져도 XX게 굵어질 건데...
강 과장: 지가 뭘 어쩌겠어? 그물에 걸린 물고기 신센데...
- 〈신세계〉, 고 국장과 강 과장 -

혹시 조직에서 구성원들에게 일방적인 희생을 강요하고 있지는 않은가요? 어차피 떠나지 못할 거라고 생각하고 있는 건 아닐까요? 최근 미국에서는 코로나 이후의 고용 시장을 대퇴사The Great Resignation의 시대라고 부릅니다. 코로나로 시작된 여러 가지 사회 경제적 변화로 인해서 많은 사람들이 자신의 삶과 일에 대해 새로운 관점을 가지기 시작했고 형편없는 일자리에서 떠나기 시작하면서 직원 구하기가 쉽지 않다는 것입니다. 경제학자 폴 크루그먼(2021)은 이를 저임금과 장기 노동을 하고 있는 미국 노동자들의 반란이라고 말합니다. 혹시 나의 고민은 이러한 전 세계적인 흐름 그 위에 있는 것은 아닐까요?

자 이제 생각을 정리해보셨나요? 지금 당장 결정하실 필요는 없습니다. 출근은 하되 애쓰지는 않는 조용한 퇴직Quiet quitting 상태로 잠시 머물러 있을 수도 있을 겁니다. 많이 고민해보시고 상사분과 면담도 해보시고 주변 지인 분들과도 이야기도 많이 나눠보시고, 그래도 여전히 아니라는 생각이 드신다면 그리고 나를 알아봐 줄 그 누군가로부터 더 좋은 기회에 대한 제안이 있다면, 마침내 방탈출 버튼을 누르시면 됩니다.

6 인사는 힘이 없다.

Q 인게이지먼트를 위한 인사의 역할에 대해서 강조해 주셔서 감사합니다. 인사를 평생 업으로 한 사람으로써 인게이지먼트를 위한 인사의 적극적인 대처에 대한 필요성에 내해서 깊이 공감합니다. 하지만 인사가 맞닿드리고 있는 현실은 그렇게 간단하지 않습니다. 인사가 사실 할 수 있는 일이 그렇게 많지 않습니다. 회사에

는 인사 규정이 있고 이것을 바꾸는 것에는 다양한 고려가 필요하고 제도 변경을 위해서는 비용과 시간이 듭니다. 인게이지먼트와 관련한 많은 이슈들이 인사가 몰라서 안하는 것이 아니라 무언가를 할 수 있는 힘이 없는 경우가 많습니다. 또 특정 몇 명의 인게이지먼트를 위해 호의를 베풀면 다른 사람도 비슷한 것을 요구해서 오히려 전체 조직의 인게이지먼트에 악영향을 줄 가능성도 큽니다. 이론과 현실의 갭이 큰 것 같습니다.

A 인사 업무가 참 어렵습니다. 뭘 좀 해보고 싶은데 조직에는 항상 돈이 없습니다. 인게이지먼트를 위해 사람에 대한 투자를 한다는 것은 결국 인건비와 교육훈련비의 증액이 필요한데 이에 대한 비용들은 언제나 위에서 그 금액이 찍혀서 내려옵니다. 올리는 건 어렵고 경기가 안 좋으면 제일 먼저 줄여야 하는 리스트에 오르기 십상입니다. 아무리 좋은 취지로 제도를 만들어도 모든 구성원을 만족시킬 수가 없을 때가 많습니다. 수혜를 받은 사람과 그렇지 못한 사람들 사이에 불만이 생겨서 오히려 아무것도 안하는 게 낫다는 생각이 들 때도 있습니다. 인간이 만든 모든 제도에는 맹점이 있기 마련인데, 구성원들은 자신의 이익을 극대화하기 위해 그 제도의 맹점을 파고들어 기회주의적으로 행동합니다. 그리고 그 기회주의적인 행동이 규정을 어기지 않는 이상 어떻게 제어할 도리가 없습니다. 인사 업무라는 것은 하루하루가 밀당의 연속일 수 있습니다.

하지만 이런 어려움에도 불구하고 여전히 인사는 구성원 옹호자로서 인게이지먼트와 관련해서 할 일이 많아 보입니다. 한 번은 회사에서 지속적으로 성과를 내고 있는데도 불구하고 불합리한 처우로 고통받는 분을 인터뷰한 적이 있습니다. 아무리 인사팀에 읍소를 해봐도 관련한 '전례'가 없어서 어쩔 수 없다는 겁니다. 그런데 같은 시기에 더 불합리한 전례가 있다는 걸 알게 되고 분통을 터트리기도 했습니다. 인사팀이 자주 이야기하는 전례는 꽤나 자주 선택적으로만 전가의 보도처럼 사용될 때가 있습니다. 인사와 관련한 의사결정들이 너무 전례에 기대어서 운영되는 건 아닐까요? 누군가 의사결정에 책임을 져줄 초인을 기다리면서 우수한 인재를 채용하고 그들이 조직에 배태될 수 있는 천금같은 기회들을 놓치고 있는 것은 아닌가요? 기업들을 자문하거나 학생들과 수업을 하다보면 너무나도 황당한 사례들 그리고 인사팀의 답답한 대응을 너무나도 많이 듣게 됩니다. 그건 한국이나 미국도 매한가지입니다. 오죽하면 왜 우리는 인사를 싫어하는지에 대한 글이Why we hate HR[113] 인기가 있는지 혹은 제가 대학에서 인사와 관련한 수업들을 가르친다고 하면 이유없이 적개심을 드러내는지를 생각해 볼 필요가 있습니다.

인사팀은 인게이지먼트를 위해 좋은 인사 제도를 만들고 이를 위한 시스템을 구축하는 것도 중요하지만 그 제도를 잘 운영하는 것도 중요합니다.[114] 인게이지먼트를 높이기 위한 인사 제도의 목적을 명확히 하고, 일관적으로 제도를 운영하면서도, 그 제도의 운영이 충분히 구성원들과의 합의를 통해서 이루어졌다면 그때의 인사제도는 구성원들의 지지를 얻고 효과를 낼 수 있다는 것입니다.

---

113 Hammonds (2005)
114 Bowen & Ostroff (2004)

그렇다면 인게이지먼트로 넘치는 조직을 만들기 위해 인사팀은 당장 무엇을 할 수 있을까요? 사실 저도 이와 관련해서 정말 많은 고민과 연구를 해왔는데요 몇 해 전 남태희라는 분의 인터뷰를 보고 엄청난 깨달음을 얻은 적이 있어서 여기서 공유합니다.[115]

"내게 있어서 문화란 사람들이 위에서 무엇을 해야 하는지 일일이 지시를 받지 않아도 올바른 방향으로 가도록 만드는 것입니다. 문화란 무엇인가에 대해서 많은 이야기가 있습니다. 하지만 이것은 결국 회사안에서 누가 승진되며, 누가 연봉을 올려받고, 누가 해고되는지에 연결되어 있습니다. 물론 CEO는 우리 회사의 문화는 이런 것이라고 공표할 수 있습니다. 하지만 회사의 진정한 문화는 보상Compensation, 승진Promotions, 해고Terminations에 의해 정의됩니다. 기본적으로 사람들은 회사내의 누가 성공하고 실패하는지 관찰하면서 문화를 형성하게 됩니다. 회사내에서 성공한 사람들은 회사가 어떤 것에 가치를 두는가를 보여주는 롤모델이 됩니다. 그리고 그러면서 회사의 문화가 형성됩니다."

이 짧은 한 단락 안에는 현대 경영학의 주요 연구 주제인 조직 학습Organizational learning, 조직 문화Organizational culture, 그리고 사회 학습Social learning 이론들의 정수가 담겨 있습니다.

지금 우리의 조직은 어떠한가요? 인게이지먼트와 관련한 가용한

---

115 임정욱 (2015)

예산은 어떻게 잡혀 있을까요? 구성원들의 직무자원을 제공할 수 있는데 충분한가요? 혹시 교육훈련비용은 구성원들에 대한 학습 지원보다는 회의비 용도로 쓰이고 있는 건 아닌가요? 핵심 평가 지표Key performance index는 어떻게 잡혀 있나요? 우리 조직에서 열심히 일하면 그에 따라서 좋은 평가를 받을 수 있나요? 혹시 흡연률(물론 개인의 건강을 위해서 매우 중요합니다) 같은 성과와 무관할 수 있는 항목이 포함되어 있지는 않나요? 지난 인사철에는 누가 승진했나요? 혹시 성과를 위해서는 물불 안가리고 일하면서 팀원들을 괴롭히는 사람들이 성공한 건 아닌가요? 조직의 행동 강령Code of conduct을 위반한 사람들이 적절한 처벌을 받았나요? 혹시 관례였다고 어물적 넘어간 건 아닌가요? 일을 하다가 모르는 것이 있으면 제때 교육을 받을 수 있나요? 혹시 어깨너머로 알아서 재주껏 배워야 하는 건 아닌가요? 인게이지먼트에 문제가 생기면 조직의 최고 의사 결정자와 이해 관계자들과 허심탄회하게 문제점에 대해서 이야기할 수 있는 채널이 있나요? 혹시 위에서 내려오는 오더만 기다리고 있는 건 아닌가요?

세상은 정신없이 변해가고 사업은 이해하기 어렵게 진화하지만 거기서 사람들이 일하는 방식은 예전이나 지금이나 다를 게 없을지도 모릅니다. 제게는 미국에서 유행하는 핫한 인사제도 '트렌드'가 무엇이냐는 문의가 정말 꾸준히 들어옵니다. 하지만 화려한 인사 제도에 현혹되는 것보다 지금 우리는 인사 제도를 어떻게 운영되고 있는지 그리고 우리는 어떤 선택을 했는지를 복기해 보면 어떨까요? 인사팀이 해야 할 일이 좀 더 명확해지셨기를 기대해 봅니다.

아직도 잠 못 이루는
밤이 있다면!

"권 선생님, '인게이지먼트' 수업을 들어보시는 건 어떠신가요?"

처음 유학을 가서 박사 과정을 위한 수강 신청을 할 때였다. 한참을 고민하던 내게 학과의 선배님은 수업 하나를 추천해 주셨다.

'인게이지먼트?' 대한민국에 여즉 그런 달달한 것이 남아 있당가?

미국 사람들은 참 먹고살기 좋고 시간이 남아서 쓸데없는 거 연구하고 있구나! 나는 그렇게 생각이 들었다. 이 치열한 글로벌 경제 전쟁 속에서 어떻게 하면 사람들을 더 효과적으로 채용하고 개발해서 열심히 일하게 만들어서 성과를 내는 것, 그것이 내게는 중요했다. 인게이지먼트라는 주제는 너무나도 현실과 동떨어진, 그래서 쓸데없는 수업이라고 생각했다. 그땐 그랬다.

어찌 되었건 선배님의 추천으로 수강 신청을 했다. 그땐 몰랐다. 2013년 가을을 수 놓았던 학수 번호 WFED 571 수업이 새로운 세상으로 빨려 들어가는 문이란 걸 처음엔 알아채지 못한 것이다. 어차피 들어야 하는 수업 중 하나니깐, 달달한 이 수업 하나만 듣고 다시금 팍팍한 현실로 돌아 나올 수 있다고 여겼다. 하지만 종강일이 점점 다가올수록, 나는 다시는 이전으로 돌아갈 수 없다는 걸 직감했다.

그뿐만이 아니다. 이렇게 빨리 관련 대중서를 쓰게 될 줄 정말 몰랐다. 인게이지먼트 그리고 행복의 이야기는 잠시 우리 자신들을 위로할 수는 있지만, 우리에게는 맞지 않는 옷이라고 믿었다. 새벽별을 보고 출근해서 밤이슬을 맞고 퇴근을 했던 한국에서의 녹록지 않았던 직장생활을 떠올렸다. 그 기억 속의 난 세상에 안 되는 일이 어디 있냐며 매번 '직진'과 '앞으로'만을 외쳤다. 그렇기에 나는 그것은 우리 것이 아니라고 굳게 믿었다. 최근까지만 해도 내가 하는 인게이지먼트와 관련된 연구들이 한국에서 쓰일 일은 없지 않을까 자조하고는 했었다.

그런데 오랜만에 잠시 한국을 방문했다가 나는 한국 사회가 많이 바뀌었다는 것을 느낄 수 있었다. 긴 불황의 그늘에 드리워진 고단함은 여전했다. 을씨년스러웠던 그해 겨울, 검정 롱 패딩을 맞춰 입고 바삐 거리를 오가는 이들의 얼굴엔 웃음을 찾을 수 없었다. 조직의 인사 담당자들을 만나 보면 이런 여건 속에서 계속 버틸 수 있을지 우려했다. 그러나 이전과 다른 점이 있었다. 이런 상황 속에서도 새로운 미래를 꿈꿀 수 있는 변화를 깊이 고민하고 있다는 거였다.

일정을 마치고 미국으로 돌아오는 비행기 안에서 인게이지먼트를 떠올렸다. 되지도 않을 꿈을 꾸며 무지개를 좇는 일은 어리석어 보일 수 있다. 하지만 저 너머 어딘가 인게이지먼트로 충만한 삶을 위해 많은 사회적 관심과 학계의 연구, 그리고 현업에서의 활발한 적용이 진행되고 있다는 사실을 알리고 싶다는 생각이 들었다. 물론 그 너머의 삶도 녹록지 않다. 서구권 국가들에서 인게인지먼트에 관심을 두게 된 건 신자유주의의 도래와 함께 인게이지먼트가 위협받는 상황이 오랜 시간에 걸쳐 심화되고 있기 때문이다. 그리고 코로나 이후, 우리는 전세계적으로 심각한 인게이지먼트의 위기 앞에 서 있다.

이런 위기의 시기에 나는 인게이지먼트가 한국의 조직들이 새롭게 고민하고 나아가야 할 방향이라고 확신한다. 무언가를 새롭게 해보고자 한다면 지금의 이 상황이 어쩌면 그동안 요원했던 인게이지먼트를 고민해 볼 절호의 기회일지도 모른다.

원래 합리적인 선택에는 기회가 없는 법. 그렇기에 피로 사회를 살아가는 오늘날 대한민국의 직장인들에게 용기를 내어 이제껏 배우고 익혀왔던 인게이지먼트를 권한다. 매우 시급하게.

이런 위기의 시기에
나는 인게이지먼트가
한국의 조직들이 새롭게 고민하고
나아가야 할 방향이라고 확신한다.
무언가를 새롭게 해보고자 한다면

지금의 이 상황이
어쩌면 그동안 요원했던
인게이지먼트를 고민해 볼
절호의 기회일지도 모른다.

REFERENCES

서문

Bakker, A. B., Leiter, M. P. (Eds.). (2010). Work engagement: A handbook of essential theory and research. Psychology Press.

Schaufeli, W. B., Salanova, M., González-Romá, V., & Bakker, A. B. (2002). The measurement of engagement and burnout: A two sample confirmatory factor analytic approach. Journal of Happiness Studies, 3, 71-92.

프롤로그

한병철 (2012). 피로사회. 문학과지성사.

1장

OECD. (2020). How's life? 2020: Measuring well-being. https://www.oecd.org/statistics/how-s-life-23089679.htm

Diener, E. D., Emmons, R. A., Larsen, R. J., & Griffin, S. (1985). The satisfaction with life scale. Journal of Personality Assessment, 49(1), 71-75.

Schaufeli, W. B., Bakker, A. B., & Salanova, M. (2006). The measurement of work engagement with a short questionnaire: A cross-national study. Educational and Psychological Measurement, 66, 701-716.

Seligman, M. E. P. (2002). Positive psychology, positive prevention, and positive therapy. In C. R. Snyder & S. J. Lopez (Eds.), Handbook of positive psychology (pp. 3–9). Oxford University Press.

2장

세스 고딘 (2010). 린치핀. 21세기 북스.

신강현 (2003). 일반직 종사자를 위한 직무 소진 척도(MBI-GS)에 대한 타당화 연구.

한국심리학회지: 산업 및 조직, 16(3), 1-17.

칙센미하이 (2004). 몰입 flow 미치도록 행복한 나를 만난다. 한울림.

Bakker, A. B., & Demerouti, E. (2007). The job demands-resources model: State of the art. Journal of Management Psychology, 22(3), 309–328.

Buelens, M., & Poelmans, S. A. Y. (2004). Enriching the Spence and Robbins' typology of workaholism: Demographic, motivational and organizational correlates. Journal of Organizational Change Management, 17(5), 459-470.

Clark, M. A., Michel, J. S., Zhdanova, L., Pui, S. Y., & Baltes, B. B. (2016). All work and no play? A meta-analytic examination of the correlates and outcomes of workaholism. Journal of Management, 42(7), 1836-1873.

Engeser, S., & Rheinberg, F. (2008). Flow, performance and moderators of challenge-skill balance. Motivation and Emotion, 32, 158–172.

Hackman, J. R., & Oldham, G. R. (1976). Motivation through the design of work: Test of a theory. Organizational Behavior and Human Performance, 16(2), 250-279.

Hakanen, J. J., & Roodt, G. (2010). Using the job demands-resources model to predict engagement: Analyzing a conceptual model. In A. B. Bakker, & M. P. Leiter (Eds.), Work engagement: A handbook of essential theory and research (pp. 85-101). Psychology Press.

Hobfoll, S. E. (1989). Conservation of resources: A new attempt at conceptualizing stress. American Psychologist, 44(3), 513-524.

Hobfoll, S. E. (2002). Social and psychological resources and adaptation. Review of General Psychology, 6(4), 307-324.

Hofstede, G. (1980). Culture's consequences: International differences in work-related values. Sage.

Judge, T. A., Thoresen, C. J., Bono, J. E., & Patton, G. K. (2001). The job satisfaction–job performance relationship: A qualitative and quantitative review. Psychological Bulletin, 127(3), 376-407.

Kim, S. (2019). Workaholism, motivation, and addiction in the workplace: A critical review and implications for HRD. Human Resource Development Review, 18(3), 325-348.

Kim, S., Kwon, K., & Wang, J. (2022). Impacts of job control on overtime and stress: Cases in the United States and South Korea. The International Journal of Human Resource Management, 33(7), 1352-1376.

Lee, R. T., & Ashforth, B. E. (1996). A meta-analytic examination of the correlates of the three dimensions of job burnout. Journal of Applied Psychology, 81(2),123-133.

Leiter, M. P., & Maslach, C. (2016). Latent burnout profiles: A new approach to understanding the burnout experience. Burnout Research, 3(4), 89-100.

Locke, E. A. (1976). The nature and causes of job satisfaction. In M. D. Dunnette (Ed.), Handbook of industrial and organizational psychology (pp. 1297–1349). Rand McNally.

Maslach, C. (1993). Burnout: A multidimensional perspective. In W. B. Schaufeli, C. Maslach, & T. Marek (Eds.), Professional burnout: Recent developments in theory and research (pp. 19-32). Taylor & Francis.

Maslach, C., Jackson, S. E.,& Leiter, M. (1996). Maslach burnout inventory: Manual (3rd ed.). Consulting Psychologists Press.

Maslach, C., & Leiter, M. P. (2005). Reversing burnout: How to rekindle your passion for work. https://www.utsouthwestern.edu/education/graduate-medical-education/assets/reversing-burnout-how-to-rekindle-your-passion-for-your-work.pdf

Maslach, C. & Leiter, M. P. (1997). The truth about burnout. Jossey-Bass.

Maslach, C., Schaufeli, W. B., & Leiter, M. P. (2001). Job burnout. Annual Review of Psychology, 52(1), 397-422.

Oates, W. (1971). Confessions of a workaholic: The facts about work addiction. World.

Orhan, M. A., Castellano, S., Khelladi, I., Marinelli, L., & Monge, F. (2021). Technology distraction at work. Impacts on self-regulation and work engagement. Journal of Business Research, 126, 341-349.

Pierce, J. L., Gardner, D. G., Cummings, L. L., & Dunham, R. B. (1989). Organization-based self-esteem: Construct definition, measurement, and validation. Academy of Management Journal, 32(3), 622-648.

Ryan, R. M., & Deci, E. L. (2000). Intrinsic and extrinsic motivations: Classic definitions and new directions. Contemporary Educational Psychology, 25(1), 54-67.

Schaufeli, W. B. & Bakker, A. B. (2004). UWES Utrecht work engagement scale preliminary manual. Occupational Health Psychology Unit Utrecht Universit.

Schaufeli, W. B., Salanova, M., González-Romá, V., & Bakker, A. B. (2002). The measurement of engagement and burnout: A two sample confirmatory factor analytic approach. Journal of Happiness Studies, 3, 71-92.

Schaufeli, W. B., Shimazu, A., & Taris, T. W. (2009). Being driven to work excessively hard: The evaluation of a two-factor measure of workaholism in the Netherlands and Japan. Cross-cultural Research, 43(4), 320-348.

Shirom, A. (2010). Feeling energetic at work: On vigor's antecedents. In A. B. Bakker & M. P. Leiter (Eds.), Work engagement: A handbook of essential theory and research (pp. 69-84). Psychology Press.

Snir, R., & Harpaz, I. (2012). Beyond workaholism: Towards a general model of heavy work investment. Human Resource Management Review, 22(3), 232-243.

Sonnentag, S. (2003). Recovery, work engagement, and proactive behavior: A new look at the interface between non-work and work. Journal of Applied Psychology, 88, 518–528

Sonnentag, S., Dorman, C., & Demerouti, E. (2010). Not all days are createdequal: The concept of state work engagement. In A. B. Bakker & M. P. Leiter (Eds.), Work engagement: A handbook of essential theory and research (pp. 25-38). Psychology Press.

Taris, T. W., Schaufeli, W. B., & Shimazu, A. (2010). The push and pull of work: The differences between workaholism and work engagement. In A. B.

Bakker, & M. P. Leiter (Eds.), Work engagement: A handbook of essential theory and research (pp. 39-53). Psychology Press.

3장

Bakker, A. B., Emmerik, H. V., & Euwema, M. C. (2006). Crossover of burnout and engagement in workteams. Work and Occupations, 33(4), 464-489.

Bandura, A. (1997). Self-efficacy: The exercise of control. Freeman.

Barsade, S. G., Coutifaris, C. G., & Pillemer, J. (2018). Emotional contagion in organizational life. Research in Organizational Behavior, 38, 137-151.

Becker, G. S. (1993). Human capital: A theoretical and empirical analysis with special reference to education (3rd ed.). The University of Chicago Press.

Fong, C. T. (2006). The effects of emotional ambivalence on creativity. Academy of Management Journal, 49(5), 1016-1030.

Fredrickson, B. L. (2001). The role of positive emotions in positive psychology: The broaden-and-build theory of positive emotions. American Psychologist, 56(3), 218-226.

Fredrickson, B. L., & Losada, M. F. (2005). Positive affect and the complex dynamics of human flourishing. American Psychologist, 60(7), 678-686.

Heider, F. (1958). The psychology of interpersonal relations. Wiley.

Karatepe, O. M. (2014). Hope, work engagement, and organizationally valued performance outcomes: An empirical study in the hotel industry. Journal of Hospitality Marketing & Management, 23(6), 678-698.

Luthans, F., Avolio, B. J., Avey, J. B., & Norman, S. M. (2007). Positive psychological capital: Measurement and relationship with performance and satisfaction. Personnel Psychology, 60(3), 541-572.

Parker, P., Hall, D. T., & Kram, K. E. (2008). Peer coaching: A relational process for accelerating career learning. Academy of Management Learning & Education, 7(4), 487-503.

Snyder, C. R., Harris, C., Anderson, J. R., Holleran, S. A., Irving, L. M., Sigmon, S. T., ... & Harney, P. (1991). The will and the ways: Development and validation of an individual-differences measure of hope. Journal of Personality and Social Psychology, 60(4), 570-585.

Stamolampros, P., Korfiatis, N., Chalvatzis, K., & Buhalis, D. (2019). Job satisfaction and employee turnover determinants in high contact services: Insights from employees' online reviews. Tourism Management, 75, 130-147.

Sweetman, D., & Luthans, F. (2010). The power of positive psychology: Psychological capital and work engagement. In A. B. Bakker & M. P. Leiter (Eds.), Work engagement: A handbook of essential theory and research (pp. 54–68). Psychology Press.

Weick, K. E. (1984). Small wins: Redefining the scale of social problems. American Psychologist, 39(1),40-49.

4장

다니엘 핑크 (2011). 드라이브. 청림출판.

리드 헤이스팅스, 에린 마이어 (2020). 규칙 없음. 알에이치코리아.

에리히 프롬 (2020). 자유로부터의 도피. 휴머니스트.

조범상 (2004). 심리적 계약. LG 주간경제.

피터 센게 (2014). 학습하는 조직. 에이지21.

Anderson, N., Potočnik, K., & Zhou, J. (2014). Innovation and creativity in organizations: A state-of-the-science review, prospective commentary, and guiding framework. Journal of Management, 40(5),1297-1333.

Bakker, A. B., Demerouti, E., & ten Brummelhuis, L. L. (2012). Work engagement, performance, and active learning: The role of conscientiousness. Journal of Vocational Behavior, 80(2), 555–564.

Blau, P. M. (1964). Exchange and power in social life. John Wiley.

Carson, J. B., Tesluk, P. E., & Marrone, J. A. (2007). Shared leadership in teams: An investigation of antecedent conditions and performance. Academy of Management Journal, 50(5), 1217-1234.

Catalano, D., Chan, F., Wilson, L., Chiu, C. Y., & Muller, V. R. (2011). The buffering effect of resilience on depression among individuals with spinal cord injury: A structural equation model. Rehabilitation Psychology, 56(3), 200-211.

Cavanaugh, M. A., Boswell, W. R., Roehling, M. V., & Boudreau, J. W. (2000). An empirical examination of self-reported work stress among US managers. Journal of Applied Psychology, 85(1), 65-74.

Cooper, C. L., & Quick, J. C. (2017). The handbook of stress and health: A guide to research and practice. John Wiley & Sons.

Cropanzano, R., Bowen, D. E., & Gilliland, S. W. (2007). The management of organizational justice. Academy of Management Perspectives, 21(4), 34-48.

De Witte, H., & Näswall, K. (2003). 'Objective' vs 'subjective' job insecurity: Consequences of temporary work for job satisfaction and organizational commitment in four European countries. Economic and Industrial Democracy, 24(2), 149-188.

Deci, E. L., & Ryan, R. M. (1985). Intrinsic motivation and self-determination in human behavior. Plenum.

Demerouti, E., Bakker, A. B., Nachreiner, F., & Schaufeli, W. B. (2001). The job demands-resources model of burnout. Journal of Applied Psychology, 86(3), 499-512.

Feldman, M. S. (2000). Organizational routines as a source of continuous change. Organization Science, 11(6), 611-629.

Fredrickson, B. L. (2003). Chapter one-positive emotions broaden and build. Advances in Experimental Social Psychology, 47, 1-53.

González-Romá, V., Schaufeli, W. B., Bakker, A. B., & Lloret, S. (2006). Burnout and work engagement: Independent factors oropposite poles? Journal of Vocational Behavior, 68(1), 165-174.

Gulati, R. (2018). Structure that's not stifling. Harvard Business Review, 96(3), 68-79.

Guzzo, R. A., & Dickson, M. W. (1996). Teams in organizations: Recent research on performance and effectiveness. Annual Review of Psychology, 47(1),

307-338.

Hackman, J. R., & Oldham, G. R. (1976). Motivation through the design of work: Test of a theory. Organizational Behavior and Human Performance, 16(2), 250-279.

Hakanen, J. J., & Roodt, G. (2010). Using the job demands-resources model to predict engagement: Analyzing a conceptual model. In A. B. Bakker, & M. P. Leiter (Eds.), Work engagement: A handbook of essential theory and research (pp. 85-101). Psychology Press.

Herzberg, F. (1966). Work and the nature of man. World.

Humphrey, S. E., Nahrgang, J. D., & Morgeson, F. P. (2007). Integrating motivational, social and contextual work design features: A meta-analytic summary and theoretical extension of the work design literature. Journal of Applied Psychology, 92, 1332-1356.

Kahn, W. A. (1990). Psychological conditions of personal engagement and disengagement at work. Academy of Management Journal, 33(4), 692-724.

Kwon, K., & Kim, T. (2020). An integrative literature review of employee engagement and innovative behavior: Revisiting the JD-R model. Human Resource Management Review, 30(2).

Lazarus, R. S., & Folkman, S. (1984). Stress, appraisal, and coping. Springer.

Lesener, T., Gusy, B., Jochmann, A., & Wolter, C. (2020). The drivers of work engagement: A meta-analytic review of longitudinal evidence. Work & Stress, 34(3), 259-278.

Leventhal, G. S. (1980). What should be done with equity theory? New approaches to the study of fairness in social relationships. In K. Gergen, M. Greenberg, & R. Willis (Eds.), Social exchange: Advances in theory and research (pp. 27-55). Plenum.

Meyer, R. D., Dalal, R. S., & Hermida, R. (2010). A review and synthesis of situational strength in the organizational sciences. Journal of Management, 36(1), 121-140.

Michaels, E., Handfield-Jones, H., & Axelrod, B. (2001). The war for talent. Harvard Business Press.

Netflix. (2009). Netflix culture: Freedom & responsibility. https://www.slideshare.net/reed2001/culture-1798664/2-Netflix_CultureFreedom_Responsibility2

Park, Y. K., Song, J. H., Yoon, S. W., & Kim, J. (2014). Learning organization and innovative behavior: The mediating effect of work engagement. European Journal of Training and Development, 38(1/2), 75-94.

Pienaar, J., & Willemse, S. A. (2008). Burnout, engagement,coping and general health of service employees in the hospitality industry. Tourism Management, 29(6), 1053-1063.

Pitura, J. (2004). Stress and occupational burnout in Polish teachers of English - an empirical study (Doctoral dissertation).

Pearlin, L. I., Menaghan, E. G., Lieberman, M. A., & Mullan, J. T. (1981). The stress process. Journal of Health and Social behavior, 22, 337-356.

Rothbard, N. P. (2001). Enriching or depleting? The dynamics of engagement in work and family roles. Administrative Science Quarterly, 46(4), 655-684.

Rousseau, D. (1995). Psychological contracts in organizations: Understanding written and unwritten agreements. Sage.

Salanova, M., Schaufeli, W. B., Xanthopoulou, D., & Bakker, A. B. (2010). Gain spirals of resources and work engagement. In A. B. Bakker, & M. P. Leiter (Eds.), Work engagement: A handbook of essential theory and research (pp. 118-131). Psychology Press.

Sander, E. J., Caza, A., & Jordan, P. J. (2019). The physical work environment and its relationship to stress. In O. B. Ayoko & N. M. Ashkanasy (Eds.), Organizational behavior and the physical environment (pp. 268-284). Routldege.

Siegel, S. M., & Kaemmerer, W. F. (1978). Measuring the perceived support for innovation in organizations. Journal of Applied Psychology, 63(5), 553-562.

Schaufeli, W., & Taris, T. (2014). A critical review of the job demands-resources model: Implications for improving work and health. In G. Bauer & O. Hämmig (Eds.), Bridging occupational, organizational and public health (pp. 43-68). Springer.

Schein, E. H. (1985). Defining organizational culture. Classics of Organization Theory, 3(1), 490-502.

Siu, O. L., Lu, J. F., Brough, P., Lu, C. Q., Bakker, A. B., Kalliath, T., ... & Shi, K. (2010). Role resources and work–family enrichment: The role of work engagement. Journal of Vocational Behavior, 77(3), 470-480.

Taylor, J. (2008, March 11). My stroke of insight [Video]. YouTube. https://www.ted.com/talks/jill_bolte_taylor_my_stroke_of_insight?language=en

Teece, D. J. (2016). Dynamic capabilities and entrepreneurial management in large organizations: Toward a theory of the (entrepreneurial) firm. European Economic Review, 86, 202-216.

Tesla. (2020). Tesla anti-handbook handbook. http://www.ceconline.com/PDF/Tesla-Anti-Handbook-Handbook.pdf

U.S. Department of Labor's Bureau of Labor Statistics. (2021). Number of jobs, labor market experience, marital status, and health: Results from a national longitudinal survey. https://www.bls.gov/news.release/pdf/nlsoy.pdf

Weng, Q., & McElroy, J. C. (2012). Organizational career growth, affective occupational commitment and turnover intentions. Journal of Vocational Behavior, 80(2), 256-265.

Zaccaro, S. J., Rittman, A. L., & Marks, M. A. (2001). Team leadership. The Leadership Quarterly, 12(4),451-483.

5장

데이브 얼리치(1996). HR Champions. 미래경영개발연구원.

Gersick, C. J. (1991). Revolutionary change theories: A multilevel exploration of the punctuated equilibrium paradigm. Academy of Management Review, 16(1), 10-36.

Halbesleben, J. R., Osburn, H. K., & Mumford, M. D. (2006). Action research as a burnout intervention: Reducing burnout in the federal fire service. The Journal of Applied Behavioral Science, 42(2), 244-266.

Knight, C., Patterson, M.,& Dawson, J. (2017). Building work engagement: A systematic review and meta-analysis investigating the effectiveness of work engagement interventions. Journal of Organizational Behavior, 38(6), 792-812.

Rothwell, W. J., Stavros, J. M., & Sullivan, R. L. (2015). Practicing organization development: Leading transformation and change. Wiley.

Schein, E. H. (1999). Process consultation revisited: Building the helping relationship. Addison-Wesley.

에필로그

사람인 (2020). MZ세대가 이전 세대에 비해 회사에 원하는 것이 다른지 여부 조사.

Schein, E. H. (1956). The Chinese indoctrination program for prisoners of war: A study of attempted "brainwashing". Psychiatry, 19(2), 149-172.

Schein, E. H. (1961). Coercive persuasion. W.W. Norton.

Schein, E. H. (2002). The anxiety of learning, Interview by D. Coutu. Harvard Business Review, 80(3),100-106.

인게이지먼트로 가는 길 Q&A

임정욱 (2015). "회사의 진정한 문화는 보상, 승진, 해고가 결정한다" https://estimastory.com/tag/남태희/

Amano, H., Fukuda, Y., & Kawachi, I. (2020). Is higher work engagement associated with healthy behaviors? A longitudinal study. Journal of Occupational and Environmental Medicine, 62(3), e87-e93.

Arthur, M. B., Khapova, S. N., & Wilderom, C. P. (2005). Career success in a boundaryless career world. Journal of Organizational Behavior, 26(2), 177-202.

Bowen, D. E., & Ostroff, C. (2004). Understanding HRM–firm performance linkages: The role of the "strength" of the HRM system. Academy of Management Review, 29(2), 203-221.

Chen, H., Jiang, S., & Wu, M. (2022). How important are political skills for career success? A systematic review and meta-analysis. The International Journal of Human Resource Management, 33(19), 3942-3968.

Hammonds, K. H. (2005). Why we hate HR. Fast Company, 97(8), 40-47.

Hatch, N. W., & Dyer, J. H. (2004). Human capital and learning as a source of sustainable competitive advantage. Strategic Management Journal, 25(12), 1155-1178.

Henderson, D. J., Liden, R. C., Glibkowski, B. C., & Chaudhry, A. (2009). LMX differentiation: A multilevel review and examination of its antecedents and outcomes. The Leadership Quarterly, 20(4), 517-534.

Krugman, P. (2021, October 14). The revolt of the American worker. The New York Times. https://www.nytimes.com/2021/10/14/opinion/workers-quitting-wages.html

Lee, T. W., Burch, T. C., & Mitchell, T. R. (2014). The story of why we stay: A review of job embeddedness. Annual Review of Organizational Psychology and Organizational Behavior, 1(1), 199–216.

Meijman, T. F., & Mulder, G. (1998). Psychological aspects of workload. In P. J. D. Drenth, H. K. Thierry, & C. J. De Wolff (Eds.), Handbook of work and organizational psychology (2nd edn, pp. 5-33). Psychology Press/Erlbaum.

Ng, T. W., & Feldman, D. C. (2014). Subjective career success: A meta-analytic review. Journal of Vocational Behavior, 85(2), 169-179.

Pfattheicher, S., Lazarević, L. B., Westgate, E. C., & Schindler, S. (2021). On the relation of boredom and sadistic aggression. Journal of Personality and Social Psychology, 121(3), 573–600.

Raffiee, J., & Coff, R. (2016). Micro-foundations of firm-specific human capital: When do employees perceive their skills to be firm-specific? Academy of Management Journal, 59(3), 766-790.

Sonnentag, S., & Fritz, C. (2007). The Recovery Experience Questionnaire: Development and validation of a measure for assessing recuperation and unwinding from work. Journal of Occupational Health Psychology, 12(3), 204-221.

Tims, M., Bakker, A. B., & Derks, D. (2012). Development and validation of the job crafting scale. Journal of Vocational Behavior, 80(1), 173-186.

Weng, Q., & McElroy, J. C. (2012). Organizational career growth, affective occupational commitment and turnover intentions. Journal of Vocational Behavior, 80(2), 256-265.

Xie, B., Xia, M., Xin, X., & Zhou, W. (2016). Linking calling to work engagement and subjective career success: The perspective of career construction theory. Journal of Vocational Behavior, 94, 70-78.

Yang, W. N., Niven, K., & Johnson, S. (2019). Career plateau: A review of 40 years of research. Journal of Vocational Behavior, 110, 286-302.

Yukl, G. (2012). Effective leadership behavior: What we know and what questions need more attention. Academy of Management Perspectives, 26(4), 66-85.